D1751843

La Chienne de Pavlov

Cato Fortin

La Chienne de Pavlov

roman

XYZ

Catalogage avant publication de Bibliothèque et Archives nationales du Québec et Bibliothèque et Archives Canada
Titre: La Chienne de Pavlov / Cato Fortin.
Noms: Fortin, Cato, auteur.
Identifiants: Canadiana (livre imprimé) 20220029458 | Canadiana (livre numérique) 20220029466 | ISBN 9782897724252 | ISBN 9782897724269 (PDF) | ISBN 9782897724276 (EPUB)
Classification: LCC PS8611.O7755 C45 2023 | CDD C843/.6—dc23

Les Éditions XYZ bénéficient du soutien financier du gouvernement du Québec par l'entremise du programme de crédit d'impôt pour l'édition de livres et de la Société de développement des entreprises culturelles du Québec (SODEC). L'éditeur remercie également le Conseil des arts du Canada de l'aide accordée à son programme de publication.

Financé par le gouvernement du Canada | Canadä

Note: Le présent roman est rédigé en orthographe rectifiée.

Édition: Myriam Caron Belzile
Révision: Stéphanie Benoît
Correction: Nicolas Therrien
Conception typographique et montage: Édiscript enr.
Graphisme de la couverture: Sabrina Soto
Œuvre en couverture: Catherine Leblanc

Copyright © 2023, Les Éditions XYZ inc.

ISBN version imprimée: 978-2-89772-425-2
ISBN version numérique (PDF): 978-2-89772-426-9
ISBN version numérique (ePub): 978-2-89772-427-6

Dépôt légal: 1er trimestre 2023
Bibliothèque et Archives nationales du Québec
Bibliothèque et Archives Canada

Diffusion/distribution au Canada:
Distribution HMH
1815, avenue De Lorimier
Montréal (Québec) H2K 3W6
www.distributionhmh.com

Diffusion/distribution en Europe:
Librairie du Québec/DNM
30, rue Gay-Lussac
75005 Paris, FRANCE
www.librairieduquebec.fr

Imprimé au Canada
www.editionsxyz.com

À la mémoire de Violet Dow.

Aux éducateur·ices de mes enfants grâce auxquel·les j'ai pu m'assoir à ma table.

Mille mercis à Jonathan.

There is nothing like puking with somebody to make you into old friends.
SYLVIA PLATH

I

J'écoute chacune des respirations de Thérèse avec appréhension. Je porte attention à leur rythme. Elles s'enchainent avec régularité. Je ne sais pas en quoi la dernière sera différente. J'ai demandé à tous les médecins comment ça se passerait. Ils m'ont répondu qu'elle arrêterait simplement de respirer.

C'est le soir, l'hôpital est silencieux et je somnole. J'ouvre les yeux. Une main agrippe le cadre de la porte. Une femme entre. Elle porte un uniforme d'un rose criard, ses ongles sont longs, manucurés et sertis de faux diamants. Ses yeux sont entourés d'une épaisse ligne de crayon noir, sa peau est orangée et ses cheveux teints en blond. Elle chuchote, mais j'ai quand même l'impression qu'elle crie. Elle me fait penser à Brigitte Bardot. Pas celle des années cinquante ou soixante. Celle qui défend les phoques en 2010. Elle crème les membres de ma grand-mère en lui expliquant chacun de ses gestes. Elle est douce et rigoureuse. Elle masse avec plus de vigueur que moi. Je vois la peau de ma grand-mère reprendre vie sous ses mains. Elle lui fait son injection en lui murmurant quelque chose comme une incantation.

Je lui demande à elle aussi comment ça va se passer. Elle s'assoit sur le lit. Elle m'explique : *Ses mains vont devenir bleues, froides. C'est comme ça qu'on sait que ça approche. Puis, Thérèse va expirer longuement. Et encore une fois. Après, elle ne respirera plus.*

Elle me dit que je peux lui enlever son dentier, et je la crois. Je n'ai vu ma grand-mère le retirer que pour m'effrayer et me pourchasser à travers l'appartement, quand j'étais enfant. Je me lève pour me rapprocher d'elle et quand je jette un coup d'œil vers la porte, l'infirmière a déjà disparu, sans bruit, en laissant une odeur de Purell et de cigarette. Les rideaux flottent encore derrière son passage.

Ça fait une semaine que je masse les jambes de ma grand-mère, que je la badigeonne de crème. Le chauffage assèche sa peau, l'immobilité lui donne des plaies. Je suis gênée de sentir la repousse de ses poils sous mes doigts. Elle n'aurait pas toléré qu'on la voie aussi vulnérable. J'ai lavé ses cheveux avec du shampoing sec, j'ai coupé ses ongles, j'humecte sa bouche avec une éponge que j'imbibe d'eau.

Thérèse est fière, bien mise. Je n'avais jamais imaginé la voir comme ça, comme un corps. Juste ça, un corps qui, lentement, flanche. La semaine dernière, elle se coiffait, elle refusait de porter une jaquette d'hôpital, elle insistait pour que je trace ses lèvres au crayon, puis que je les remplisse au rouge.

Plus tard, une autre infirmière cogne et entre. Elle me tend des gants et du gel. Je ne comprends pas. Elle dit : *Pour les vésicules sur les organes génitaux. Le docteur dit que ce n'est plus nécessaire, mais que la famille peut continuer le traitement.* Je fais comme si je savais. J'enfile les gants et je soulève la jaquette de Thérèse.

J'ai un serrement, entre le vagin et l'anus. Un spasme d'horreur. J'aurais préféré détourner le regard. J'ouvre le tube et j'étends une épaisse couche de gel. Thérèse n'a jamais confié à personne qu'elle avait l'herpès. Ou, peut-être, personne ne me l'a jamais dit à moi. Ce n'est pas important. Peut-être avait-elle honte. Peut-être protégeait-elle mon grand-père. Je ne peux pas m'imaginer la gêne de Thérèse, d'avoir été trompée et de devoir avouer à son médecin que ça la démange sous la ceinture.

J'en veux à mon grand-père rien qu'à y penser. Il est mort depuis dix ans. Ma grand-mère est probablement plus heureuse, plus libre sans lui. Je baisse la jaquette, remonte les draps, retire mes gants, borde Thérèse et lui applique aussi de la crème antirides. J'ai lu quelque part que l'ouïe est le dernier sens à nous quitter. Je lui mets une compilation de Céline Dion. Je m'endors sur le fauteuil.

Le disque est fini. Je regarde les mains de ma grand-mère. Elles sont blanches, presque transparentes. Je dois retourner à la maison, au moins quelques heures. Manger, dormir, envoyer des courriels. Je l'avertis. Grand-maman, je pars, mais je reviens. Attends-moi.

II

Sur le chemin vers la maison, j'engouffre une pointe de pizza gardée sous une lampe chauffante si longtemps qu'elle est rigide. Je me demande si je dois appeler ma mère, la prévenir pour l'herpès. Elle sera à l'hôpital demain matin. Si j'arrive assez tôt, je pourrai nous éviter cette conversation et appliquer le gel moi-même. Ma mère serait choquée. Elle en ferait un cas et chercherait à s'expliquer à tous les membres du personnel qu'elle croiserait.

La nausée me serre la gorge dès que je pose le pied dans mon appartement. J'avale un comprimé de Pepto-Bismol et deux shots de bourbon, question de bien dormir.

Je me réveille au milieu de la nuit avec la peur de mourir. Je cours vers la salle de bain, où la lumière vive me fait mal aux yeux. La culotte aux chevilles, je cherche la corde de mon tampon, mais ne la trouve pas. Je ne parviens qu'à tirer des poils trempés de sang. Je pense au syndrome du choc toxique, à cette adolescente de seize ans, morte tout récemment. Je pense à cette mannequin à qui on a amputé une jambe. Je ne peux pas mourir comme ça.

Ma mère m'avait mise en garde: *On meurt encore de menstruer, n'insère rien dans ton trou.* Je n'ai pas écouté ma mère. J'ai inséré dans mon vagin, bien sûr, des tampons, mais aussi des boules chinoises, des doigts, un sachet de pot, des pénis, des dildos, des amulettes, des spéculums, le goulot d'une bouteille de vin, des chaines, une balle de pingpong, une Oh Henry!, un crayon avec lequel je suis parvenue à écrire mon nom. J'ai essayé de souffler les bougies du gâteau d'anniversaire de mes trente ans avec mon vagin, mais je n'ai réussi qu'à me bruler une lèvre.

Il a toujours été clair pour moi que je mourrais ivre dans un banc de neige. Je m'imagine parfois en talons hauts, rigide et souriante, avec un manteau de fourrure rose. Je resterais figée pour toujours dans une élégance exubérante, les membres disposés gracieusement dans la neige par cette chute fatale. On me découvrirait au petit matin, comme un trésor. Des villageois formeraient un cercle bienveillant autour de moi. On s'émouvrait de ma beauté et on se questionnerait sur la raison de ce rictus. Mon transport à la morgue serait retardé par l'attrait de ma dépouille. Toutes les filles vicieuses du village feraient un pèlerinage en semelles compensées pour me contempler. Elles auraient les genoux bleus à force d'être tombées sur la glace. Elles arriveraient en petits groupes, en se serrant les coudes pour rester debout. L'une d'elles s'approcherait de mon corps et étalerait une généreuse couche de rouge à lèvres sur ma bouche mauve. Elles partiraient toutes ensemble, boire un coup à ma santé. Elles iraient au bar du coin et en foutraient à la porte les habitués. Elles riraient jusqu'au petit matin et, une fois bien au chaud dans leur lit, constateraient qu'elles ont désormais un peu moins peur de la mort.

J'ai du sang plein les doigts. Je ne retrouverai jamais ce tampon. Je sens mon vagin s'assécher et se refermer sur ma main. Je vais mourir seule dans ma salle de bain, avant ma grand-mère. Quelqu'un, sans doute le pervers qui m'observe marcher jusqu'à ma voiture tous les matins, va retrouver ma dépouille dans quelques jours. J'aurai déjà commencé à pourrir. Il y aura du sang partout. Je me serai chié dessus. J'aurai les yeux révulsés, les cheveux gras, le visage taché de mascara. Quand les pompiers arriveront, l'odeur du vomi camouflera à peine la mienne. Ils en feront des cauchemars pendant des années. Ils verront une photo de moi sur le réfrigérateur et ne me reconnaitront pas. Je serai une carcasse repoussante. Le plus jeune d'entre eux devra sortir sur le balcon pour prendre l'air. Il pleurera et sera malade dans mon plant de tomates.

J'ai les jambes qui commencent à flancher. Je suis en sueur. J'ouvre la fenêtre, je crie, j'appelle les filles vicieuses, je les entends me répondre. Nous sommes des louves qui hurlent à la lune. J'écoute attentivement les dizaines de fermetures éclair de bottes hautes qui remontent en même temps partout dans le village. J'entends le claquement des talons qui se rapprochent. Je sens le parfum de leur fixatif à cheveux, de leurs crèmes de nuit, des doigts encore humides de celles qui se masturbaient. Elles arrivent en courant. Elles se jettent à mes pieds. Je pose ma tête sur leurs genoux. Des caillots gros comme des rats courent de la salle de bain à la ruelle. Elles passent leurs doigts dans mes cheveux.

Elles constatent l'imminence de ma mort. Je les supplie de m'y préparer, de me faire belle. Je veux que mon cadavre soit mémorable, magnifique, que ma salle de bain soit un tableau tragique et lumineux. Elles me déshabillent, me glissent jusqu'à la baignoire et font couler l'eau. L'une d'entre elles va chercher des coupes et sert du vin. Elle porte le verre à mes lèvres pendant que les autres me baignent. Elles m'enduisent de savon, lavent mes cheveux. Les coupes se vident et se remplissent joyeusement.

Une fille nue dérape et tombe sur ma tête. Sa vulve glisse sur mes cheveux et les enduit de glaire. Nous gloussons, nous nous crachons l'une l'autre notre vin dans la bouche. Nous nous exfolions avec entrain, jusqu'à la desquamation de nos visages. Une fille m'allaite pendant qu'on lui épile les poils autour de l'anus. Nous nous passons la bande de cire et la regardons avec orgueil et ravissement.

Je pense à ma mère qui dort, qui appellera demain et qui gueulera sur mon répondeur que les mains de ma grand-mère sont bleues et qu'elle m'attend pour mourir depuis deux jours déjà.

Les filles vicieuses me relèvent, m'amènent jusqu'à mon lit. Elles me sèchent la peau. Elles distribuent mes organes. Mon corps sauve des vies. Elles m'arrachent le cœur et le placent dans mon vagin, là où je l'ai toujours senti battre. Elles me maquillent les joues et les lèvres avec mon sang. Elles me vêtent d'une robe en cuir et de mon manteau en fausse fourrure rose. Elles s'émeuvent de ma beauté et pleurent bruyamment. Je les console, je les remercie. Nous rions encore ensemble. Elles posent leur tête sur moi, et leur morve coule sur mon manteau. Elles se ressaisissent et entament solennellement, en chœur, les plus grands hits de Céline Dion en m'enveloppant dans mes draps.

Je vois mon reflet dans le miroir au-dessus de mon lit. Je suis intemporelle, primitive, futile, complètement insignifiante et touchante. Les filles vicieuses arrêtent de chanter. Elles ont la voix enrouée, et leurs pieds commencent à enfler dans leurs bottes à talons hauts. Je leur laisse ma carte de crédit pour qu'elles appellent des taxis, qu'elles retournent chez elles en toute sécurité avant que le jour se lève. Elles m'embrassent sur le front et referment la porte avec un dernier regard tendre. Elles ont compris. Il n'y pas de lendemain, juste une longue fête qui ne finit plus.

On cogne à la porte. Une voisine impatiente. Elle veut me parler, elle sait que je suis là. Elle a entendu des chansons poches toute la nuit, il y a une infiltration d'eau chez elle, je lui dois des réponses. Évidemment, je ne réponds pas : je suis morte.

Ma mère appelle, pour la première fois depuis ma mort. Je ne suis pas dans un banc de neige, je suis nue, je suis enveloppée de draps. Je m'espérais rigide et souriante, mais je suis chaude et moqueuse. Je dégage une forte odeur de putréfaction et de musc. Une mouche inspecte mon visage.

Ma mère appelle, pour une deuxième fois depuis ma mort. Elle est devant mon appartement avec les pompiers. Elle sait déjà. Sur mon répondeur, elle dit qu'elle a peur. Les pompiers défoncent ma porte. Elle répète : *J'ai peur.* Elle marche lentement vers ma chambre en serrant son sac à main contre elle. Elle remarque la bestiole sur mon nez. Ma mère s'avance vers moi. Elle tente de faire décamper la mouche, qui s'envole et se repose aussitôt au même endroit. Elle essaie à nouveau, mais la mouche est plus rapide. Ma mère lève son poing et me frappe au visage. L'insecte s'écrase contre ses jointures. Je crois que mon nez est cassé. Je sens le matelas se creuser à mes côtés. Ma mère s'allonge auprès de moi. Elle chantonne *Je n'ai besoin de personne en Harley Davidson* en me flattant les cheveux ; je sens ses longs ongles sur mon front. Elle rit fort. Longtemps.

III

Le téléphone sonne. J'ouvre les yeux. Mes draps sont trempés, mais seulement de sueur. Je m'assois sur le bord de mon lit et pose un pied dans une flaque de vomi encore tiède. Des morceaux de peppéroni surnagent au milieu d'une purée grisâtre et nauséabonde. Après des années à manger dans des restaurants plus crasseux les uns que les autres, je pensais que mon système digestif était à toute épreuve. Je ne pourrai peut-être plus jamais manger de pizza. Le téléphone continue de sonner. Je décroche. C'est ma mère. Encore ? *Thérèse est morte. J'ai essayé de t'appeler plus tôt, mais tu ne répondais pas.* Je suis désolée. Je lui demande si je peux passer la voir. *On a encore deux heures, apporte ses vêtements.* Je prends une douche dans laquelle je dégueule encore. Je bois une bouteille de kombucha. Je crois au kombucha comme certains croient en Dieu.

J'oublie presque, mais ma grand-mère est morte, c'est arrivé, Thérèse est morte. Je ne pense qu'à la pizza d'hier. J'ai peur de vomir sur son cadavre. Je m'habille lentement. Une trace de rouge à lèvres tache mon miroir.

Je passe à la maison de ma grand-mère. Elle a laissé dans sa garde-robe une housse avec les vêtements qu'elle a choisis pour le jour où ça arriverait. Avant de la décrocher, j'enserre un paquet de vêtements dans mes bras et je me soule à leur odeur, puis je glisse mes doigts sur sa collection de tailleurs dont les premiers morceaux arborent des épaules surdimensionnées. Je reconnais les habits de fêtes, de mariage, de deuil, de vacances, ceux qui ornent les photos de mon enfance et ceux qui invoquent des souvenirs dont je ne distingue pas les contours.

Je file en voiture jusqu'à l'hôpital. Je monte au deuxième. Une affiche sur la porte dit: *Veuillez communiquer avec une infirmière du poste.* Je cogne et j'entre. Ma mère est seule au chevet de ma grand-mère et tient sa main, bleue, comme me l'avait prédit l'infirmière hier. Je m'allonge près de Thérèse, je lui caresse les cheveux. Je pose ma tête sur son épaule. C'est la première fois qu'elle ne me consolera pas. Céline Dion joue de nouveau. Ma mère ne parle pas anglais, mais il suffit que Céline chante *I'm Your Angel* pour qu'elle s'effondre. Je pose mes fesses sur le bras du fauteuil dans lequel elle est installée, je lui donne un mouchoir et passe mon bras autour de son cou. *Je l'aime, ma mère.* Je sais, maman. Nous restons silencieuses un instant.

Quand Céline se tait, ma mère à moi se lève d'un bond, comme si elle ne pouvait s'accorder que le temps d'une chanson pour pleurer. Elle s'empare de la housse qui reposait toujours en travers de mes genoux et fait glisser la fermeture éclair. Elle en sort un tailleur noir, simple, brodé de perles, noires elles aussi, sur le revers des manches et du col. S'y cachent aussi une chemise blanche, des chaussures cirées, un collier et des boucles d'oreilles en or. Elle ouvre une pochette en soie de laquelle elle extrait de la lingerie fine: un soutien-gorge et des culottes de dentelle.

Je suis à la fois étonnée et émerveillée devant la finesse des sous-vêtements. La dentelle est noire, diaphane, ouvragée. Je ne trouve pas d'étiquette, comme si on les avait conçus sur mesure. Ma mère regarde ses doigts à travers le tissu. *Déshabille-la, s'il te plait.* Okay.

Le corps de ma grand-mère est encore souple quand je soulève son cou pour dénouer sa jaquette d'hôpital. Elle est nue. Je frissonne pour elle, avant de me rappeler qu'elle n'a pas froid. Nous commençons par lui mettre la culotte, qui habille ses bourrelets sans les ciseler. Elle lui arrive juste au-dessus du nombril, des poils blancs sortent des points de la dentelle. Pendant un moment je me demande comment Thérèse peut respirer là-dedans, puis je me rappelle, elle ne respire plus. Nous lui enfilons le soutien-gorge, mais nous devons la tourner sur le côté pour agrafer le bustier. Je prends ma grand-mère par l'épaule et la ramène vers moi. Ma mère s'exécute, doucement mais fermement. Son regard s'arrête sur les fesses de ma grand-mère. Elle est stupéfaite, immobile, les lèvres entrouvertes. Maman. Ça va? *Oui.* T'es certaine? *Oui, oui.* Elle couche Thérèse sur le dos. Qu'est-ce qu'il y a? *Rien.* Je contourne le lit et la serre dans mes bras. Ça va aller. *C'est pas ça.*

Elle se défait de mon étreinte et se déplace de l'autre côté du lit. Elle met une main sur l'épaule de ma grand-mère, une autre sur sa hanche, et fait basculer le corps sur le côté. Je regarde un instant le dos de ma grand-mère sans comprendre, puis à travers la dentelle, j'aperçois un tatouage : une fée avec des grosses cuisses, vêtue seulement d'un chapeau pointu. Elle tient une baguette et sourit. Au-dessus d'elle, quelques étoiles et ce mot : *slut*. Je me couvre la bouche et je regarde ma mère.

Ses yeux sont rivés au sol. Ses épaules se mettent à sauter. J'entends son rire, presque silencieux. Je ris aussi. Ça ne peut être qu'une blague, pourtant, c'est là, noir sur blanc, sur le cul de ma grand-mère. *Je ne comprends pas.* Je lui réponds : Habillons-la, cette slut. *Dis pas ça.* Mais, maman... *C'est pas une façon de parler de ta grand-mère.*

Garde ça pour toi. Nous habillons Thérèse en silence. Ma mère boutonne la chemise blanche jusqu'au col.

L'infirmière qui ressemble à Bardot entre doucement. *Ah, c'est gentil de l'avoir habillée, mais c'était pas nécessaire, on va devoir la déshabiller plus tard.* Ma mère sourit faiblement en lui montrant la robe d'hôpital. *C'était pas sa couleur.* Ma mère embrasse Thérèse sur le front et sort de la chambre.

Je m'approche du lit à mon tour. Je lui dis : Je m'excuse de t'avoir demandé de m'attendre. Je t'aime. J'ai envie de lui dire : Je t'aime, vieille slut. Je l'embrasse une dernière fois. Je fais un signe de la main à Bardot. *Merci ma belle. Je vais m'occuper d'elle, fais-toi s'en pas.*

IV

Mes oncles sont arrivés de l'Ouest où ils vivent depuis des décennies. Ils sont aux côtés de ma mère près des couronnes de fleurs, de la photo de ma grand-mère, de son cercueil et de sa dépouille qui ne lui ressemble plus tout à fait. Des personnes font la file pour offrir leurs condoléances. Je suis soulagée de ne pas devoir serrer la main de ces inconnus, mais triste qu'on ne m'ait pas offert de prendre place avec eux.

Ma grand-mère, je la voyais toutes les semaines, je mangeais avec elle tous les dimanches. Je lui épilais la moustache tous les mois. Je connaissais par cœur les poils de son menton que je lui arrachais un à un pendant qu'elle me criait dessus pour me faire rire : *Ma tabarnac, ma crisse, petite-fille de pute!* Je la maquillais lorsque nous sortions. Personne n'a connu son visage comme moi.

Ma mère me voit. Elle me rejoint. Elle me dit : *C'est pas un peu osé pour des funérailles?* Je me tais. Elle a besoin de se sentir en contrôle. C'est correct. Ma grand-mère aurait changé de sujet en me lançant un clin d'œil. Je lui offre de servir du vin aux invités, elle me remercie et retourne se coincer entre ses frères. Je débouche une bouteille et je m'en sers une coupe avant de commencer ma tournée.

Un vieil homme noir entre dans le salon avec un air perdu. Il me demande, d'une voix profonde comme un vagin de baleine : *Mademoiselle, c'est ici pour la Chienne?* Je lui demande pardon. Il porte ses mains à sa poitrine et précise *la Chienne de Pavlov*. Une dame surgit derrière moi, elle prend l'homme par le bras. *Marshall! Enfin. Viens-t'en, on est dans le fond*. Ils partent ensemble, et je passe de groupe en groupe remplir les coupes de vin.

Je reconnais certains visages, mais je ne parle à personne. J'aurais dû appeler mes amies, les avertir, les déranger, leur annoncer que Thérèse était morte, et qu'il faudrait prendre congé du travail, faire garder les enfants, prendre la voiture et venir ici. Je n'ai pas voulu. Tout le monde est occupé, je n'ai moi-même pas eu le temps de comprendre quoi que ce soit et maintenant je suis ici, je sers du vin, on me prend pour une employée du salon, mais je suis en deuil, je suis l'endeuillée principale, même !

Les vieilles personnes autour de moi sont en fête. Je les entends se dire à la blague : *À qui est-ce que c'est le tour, maintenant ?* Ils ne font que ça, fréquenter des funérailles. Moi, je voudrais m'effondrer, je voudrais qu'on me dise que c'est injuste, que c'est con, qu'elle était encore jeune et que ça n'aurait pas dû arriver. J'aurais voulu qu'on me dise que je lui ressemble, même si c'est faux, qu'on me donne une photo d'elle à mon âge et que je m'y reconnaisse. Je vide le fond d'une bouteille dans le verre de mon oncle quand j'aperçois un autobus jaune par la fenêtre. Il se stationne juste devant. Des dizaines de vieux sortent. Ils portent des vêtements à paillettes et parlent fort. Ils entrent dans le salon funéraire. Je regarde ma mère avec stupeur, elle hausse les épaules, je lis sur ses lèvres : *CHLSD*.

Je vais m'enfermer dans une cabine de toilette un instant. Je pleure. J'essaie d'appeler Justin, mon copain, qui est en voyage pour le travail. Il ne répond pas. Il ne répond d'ailleurs pas souvent. Il préfère m'écrire des lettres qu'il m'envoie par la poste.

Des femmes entrent dans la salle de bain. L'une d'elles se plaint qu'il n'y ait pas de toilette libre, l'autre lui offre de pisser dans son chapeau. Elles rient. J'en profite pour sortir. La dame qui se plaignait est accoudée devant le miroir pendant que l'autre soulève sa jupe et place la poubelle en dessous. L'urine qui tombe fait un bruit sourd. Je les regarde un instant, interdite, et je quitte les lieux sans rien dire.

En sortant, je bouscule un monsieur qui marche en s'aidant d'une canne. Je m'excuse. Je l'aide à retrouver l'équilibre. Ma mère me rejoint, elle me dit qu'on manque de vin, qu'elle part à l'épicerie. Je lui demande ce qui se passe. Elle me regarde sans comprendre. Tu ne les trouves pas bizarres, maman, les vieux ? *Ce qui est pas normal, c'est que ta grand-mère est morte et qu'on manque de vin.* Je toise la foule, j'essaie de trouver quelqu'un qui voit ce que je vois. Je croise le regard de l'homme que j'ai bousculé. Il me sourit avec bienveillance.

Le directeur du salon invite mes oncles dans son bureau pour signer des papiers. Dès qu'ils sont sortis de la pièce, quelqu'un crie : *Ça y est. C'est l'heure.* Tout le monde applaudit. Une musique retentit de je ne sais où. On me prend par le coude. Il y a tant de mouvement que je ne vois plus rien, la nausée revient, je ferme les yeux et quand je les ouvre à nouveau, je fais partie d'un grand cercle. Un homme d'une élégance démodée et une personne sans âge avec de courts cheveux mauves soutiennent le cadavre de ma grand-mère, dont la tête dodeline au rythme des pas de danse. Nous tournons et nous dansons. *C'est la Chienne ! Pour une dernière fois, la Chienne !*

La musique ralentit, les lumières se tamisent, une femme brise le cercle et s'avance vers Thérèse. Le visage dans l'ombre, ma grand-mère semble presque en vie. La dame enlève son cardigan et tend sa jambe, surprenamment musclée. Elle enlace le corps inanimé et entame un tango. Les membres de ma grand-mère suivent ceux de la danseuse. Elles sont sensuelles et étranges. Une personne en fauteuil roulant s'avance. On lui assoit ma grand-mère sur les genoux, elles sont joue contre joue et tournoient furieusement devant le cercueil.

D'autres personnes brisent le cercle, se joignent à la farandole. Je ne les reconnais pas. Chacune d'elles réclame Thérèse et la fait tournoyer. Par moment, elle tourne si vite que sa tête est renversée vers l'arrière. J'ai peur qu'elle se détache de son corps et je ferme les yeux. Quand je les ouvre, ma grand-mère est à nouveau dans son cercueil, les gens discutent paisiblement. Ma mère entre avec un jeune homme aux bras chargés d'une caisse.

Je m'approche de ma grand-mère. Elle est paisible, immobile. Je me penche vers elle. J'ai l'impression de voir quelques fines gouttes de sueur sur son front. Je les touche du bout du doigt, mais je ne fais qu'étaler l'épaisse couche de fond de teint qui la recouvre. Je l'embrasse.

Une voix murmure *slut witch bitch*.

Quatre hommes en complet noir entrent dans la salle et se placent en rang près de ma grand-mère. Le frère ainé de ma mère ferme le cercueil. La fratrie se prend par la main, quelques instants. Les hommes en noir se placent à chaque coin de la boîte. L'un d'eux, plus petit que les autres, doit tendre le bras complètement pour garder le cercueil à niveau. Ils disparaissent. Les invités sont encouragés à partir. Ma mère a prévu un enterrement intime. De toute façon, il pleut, et le chemin vers le cimetière est boueux et glissant. On ne voudrait pas de blessés.

Nous attendons que ma grand-mère sorte du four. Ça joue *Disco Inferno* en boucle dans ma tête. J'essaie de penser à autre chose. Mais inévitablement, ça revient. The Trammps enjoingnent ma grand-mère à bruler. Et ça crie, et ça hurle, brule bébé, brule. Jimmy Ellis me parle de la musique qui plane dans l'air et m'assure qu'il y a une fête quelque part.

Pendant la crémation, l'essentiel du corps passe d'un état solide à un état gazeux. Ma grand-mère disparait dans un nuage de fumée, comme dans un spectacle de magie. Sa peau, ses cheveux, ses muscles se volatilisent. Nous attendons ses restes. Il faut encore que ça refroidisse, broyer les os, placer la poudre dans un sac en plastique.

J'essaie de ne pas penser à sa main, que je ne pourrai plus prendre. Son corps me devient inaccessible. Ma grand-mère avait le cul tatoué et je n'en savais rien, et maintenant son cul n'existe plus. Peut-être que c'est la blague d'un préposé qui tatoue dans ses temps libres, qu'il a utilisé la peau de ma grand-mère au lieu de la peau de cochon qui lui sert généralement à pratiquer.

Il se passe quatre heures entre le moment où le cercueil a franchi la porte et celui où on nous remet une petite boîte. Une grand-mère pour emporter, prête à enterrer, un format pratique, facile à ranger, une utilisation efficace de l'espace.

Ma mère me dit : *Viens dans la limousine,* et j'y entre. Je suis ma mère. Je fais ce qu'elle me dit. Je ne me pose pas de questions. Elle me dit de jeter une poignée de terre, et je m'exécute. Elle me dit que je peux y aller maintenant, que je devrais dormir un peu, que je suis pâle. Je rentre à la maison et je me couche sans même prendre le temps de me branler.

V

À mon réveil, je ne me souviens plus si les funérailles ont eu lieu. J'ai l'impression de me remettre d'une dure nuit passée à boire. Je ne sais pas ce que je dois faire. S'il faut me lever, s'il faut aller travailler. Je ne sais pas quel jour on est. Je me fais un café, parce que c'est la moindre des choses, parce que c'est comme ça que les jours commencent.

J'écoute *Queer Eye*. Il y a des mères et des épouses défuntes. Quand un Fab Five demande : *Que penses-tu que cette morte dirait de toi si elle te voyait maintenant ?*, j'ai l'impression qu'on va s'empresser d'ajouter : *Pourquoi pas lui demander directement ? Elle est avec nous aujourd'hui !* Une ventriloque entrerait avec un squelette auquel il reste une poignée de cheveux et sur lequel flotte une robe mangée par les mites. La personne endeuillée serait effrayée et mal à l'aise, mais aussi émue et en colère. Elle lirait d'un ton monotone une question que la réalisatrice a notée par fragments sur de gros cartons qu'elle tient derrière la caméra, sous les hochements de tête enthousiastes de toute l'équipe. La ventriloque ferait dire au cadavre *Je suis si fière de toi. Je t'aime tant, mon chaton. Je suis choyée d'avoir partagé ma vie avec une personne comme toi. Ne laisse pas ma mort t'empêcher de vivre. Ma mort fait partie de ta vie. Écoute ton cœur, suis ton instinct, laisse briller ta lumière !* Tout le monde serait en pleurs. Comme moi.

J'ai reçu une lettre de Justin. Il m'écrit qu'il sera de retour bientôt, qu'il prend toujours une pause de la technologie et qu'il faudra donc attendre pour se parler de vive voix, que c'est difficile pour lui aussi, qu'il est désolé, qu'il m'aime, qu'il faudrait prendre des vacances ensemble, qu'il ne renouvellera pas son contrat, qu'il veut rester quelques mois à la maison, écrire un roman et me préparer du thé à l'aube tous les jours.

Je comprends.

Je lui réponds. Je dis des choses évidentes : J'ai mal, je m'ennuie, je suis fâchée, je suis triste, je ne sais pas comment dire aux gens que ma grand-mère est morte et que je ne m'en remettrai jamais, que ce n'est pas une grand-mère qu'on embrasse deux fois par année, que ce n'est pas une grand-mère dont on aime plus le souvenir que la présence, que la mort de ma grand-mère n'est pas une pratique pour celle, à venir, de ma mère, mais un vrai et grand drame en soi.

Je ne lui parle pas de mon empoisonnement alimentaire la nuit de la mort de Thérèse, de son tatouage, de son cadavre qui danse langoureusement sous les mains d'une foule sénile et désinhibée. Je lui raconte ma mère, son austérité, l'infirmière fastueusement maquillée.

Je n'ai pas la force d'appeler ma mère, de faire mine de la consoler. J'aurais voulu que Thérèse soit ma mère, j'aurais voulu être aimée de ma mère comme Thérèse m'aimait. J'aurais voulu pleurer aux pieds de ma mère en lui prenant les jambes à l'annonce de la mort de Thérèse, j'aurais voulu qu'elle me donne la bague de mariage de mes grands-parents en me disant : *C'est à toi que ça revient.* Je lui commande des masques pour le visage, des vernis à ongles et les lui fais livrer. Je lui commande une boîte de poulet à la rôtisserie et la lui fais livrer. J'appelle sa cousine qui n'était pas là hier et je lui demande de passer la voir. Je veux l'aimer du confort de mon lit, loin de ses mains froides et de ses regards désapprobateurs.

J'ai choisi des couleurs sobres de vernis : un beige rosé, un beige orangé, un beige presque blanc. Pour me faire plaisir, j'ai ajouté un rouge vif dont la teinte porte le nom de *Dépravée*.

J'essaie de me rappeler les jours où, ma mère et moi, nous nous amusions ensemble. Je me rappelle ces dimanches au centre d'achats, les fermettes qu'on y installait à Pâques, les foires dans le stationnement les dernières semaines de juin, les carrousels, la gomme au savon. Je me rappelle l'année où nous avons dû renoncer à ces visites hebdomadaires.

Ce jour-là, je fais rouler des vingt-cinq sous dans une machine distributrice qui crache des poignées d'arachides dans mes mains. Je les mange en faisant la file pour rencontrer le père Noël. Après de longues minutes à sautiller et à chanter, je m'assois enfin sur ses genoux. Je lui remets une enveloppe pleine d'images de jouets que j'ai découpées dans des catalogues et des circulaires. Il me dit que j'ai été gentille cette année, qu'il est très content et que je mérite une belle peluche. Je l'embrasse sur la joue et le serre très fort. Il panique. Il se lève subitement. Je tombe à la renverse sur le sac rouge bourré de jouets, un lutin part en courant, l'autre se met à chercher frénétiquement dans un sac à dos, ma mère crie qu'elle est désolée. Je reste assise sur le sac de peluches sans comprendre, je veux pleurer, je veux m'excuser. Le père Noël retire sa barbe, les enfants pleurent, l'une d'elles me pointe du doigt et crie : *Meurtrière!* D'autres enfants reprennent son accusation. Je regarde le père Noël, dont le pantalon est maintenant baissé. Un lutin lui enfonce quelque chose dans la cuisse. Ma mère semble se rappeler ma présence, elle se penche vers moi, me prend dans ses bras et se met à courir. Elle ne s'arrête pas avant d'arriver à la voiture. Elle m'installe dans mon siège. Maman, j'ai tué le père Noël. *C'est pas le père Noël, ma chouette.*

J'ai pensé pendant des années que j'avais tué quelqu'un, que la police allait frapper à ma porte un jour ou l'autre, qu'on allait venir me chercher et m'enfermer pour toujours. J'ai pensé que chaque cadeau de Noël poche que je recevais était une punition.

Je m'en voulais de ce que je faisais subir à ma mère, de la faire vivre dans le secret comme ça. Je me cachais chaque fois que nous croisions une voiture de police. Les premières fois, je faisais pipi dans ma culotte. Un jour, ma mère m'a dit qu'on irait au poste de police pour une formation sur la sécurité à vélo. Je l'ai regardé avec des grands yeux. *Qu'est-ce qui se passe?* Ils vont m'arrêter, Maman. Et je ne te verrai plus jamais. *Mais non, ma puce, voyons. Pourquoi tu dis ça?* Le faux père Noël. Au centre d'achats. *Ah! Mais il n'est pas mort.* T'es sûre? *Oui. Pourquoi tu ne me l'as jamais dit? Je ne pensais pas que c'était important.*

VI

Je suis retournée travailler à la pharmacie. J'ai compté et trié des milliers de pilules que j'ai placées dans des calendriers pour les centaines de personnes âgées à qui nous les livrons. J'ai glissé dans mon sarrau quelques Ativan pour mieux dormir, pour ne plus faire ces rêves où ma grand-mère est à la fois morte et vivante, où elle reste dans sa maison à l'insu des gens qui y habitent maintenant, où j'essaie de la convaincre de faire ses valises, de sortir de là, sans la blesser, sans lui dire qu'elle est morte. Elle me rit au nez, me demande d'arrêter de l'emmerder, et, soudainement, elle est nue, elle porte un chapeau de sorcière et elle me dit : *Sluts don't care*. Elle se frotte la vulve sur les bras des divans des nouveaux propriétaires en y laissant une glu exubérante qui, telle Plaxmol, se dandine sur le revêtement de suède. J'entends une voiture se garer dans l'entrée, des portes claquer, je la supplie de partir avec moi, la glu explose sur les murs, et je me réveille en pleurant. Les cachets me permettent de dormir dur et longtemps.

Un matin, je me suis levée, et Justin était là. Il avait préparé du thé et accroché au mur les cadres avec les photos de ma grand-mère que j'avais abandonnés sur le comptoir. Une photo de ma grand-mère qui m'envoie chier avec une manucure affreuse qui lui avait couté trop cher et dont je me moquais. Une photo où elle tente de me voler mon nouveau sac à main. Une autre où nous posons plus sagement devant l'énorme sapin de Noël chez ma mère. Une photo où nous portons le même bikini en buvant des piña colada à Cuba.

Pour la première fois depuis l'enterrement, je me laisse aller à penser à elle et à pleurer. Longtemps. Mon nez coule comme une champlure, et les mouchoirs ne sont pas suffisamment grands pour y loger toute la morve qui glisse entre mes doigts.

Justin me fait couler un bain, il me sert un grand verre d'eau. Quand je me calme un peu, il me raconte ses voyages, les touristes qu'il a guidés, les locaux avec lesquels il s'est lié. Il me dit que je lui ai manqué. Il me raconte qu'il a jeté son téléphone dans un ravin, qu'il ne sera plus jamais le même, qu'il se sent prêt pour de grandes choses.

Nous allons ensemble au cimetière, nous déposons des marguerites sur la tombe de ma grand-mère. Sa présence calme le pervers d'à côté, qui ne me crie plus que rarement des obscénités. Ça fait du bien. Justin me traine en ville dans un festival de documentaires, il m'initie à l'escalade, m'offre une nouvelle paire de chaussures de course. Il jette la boîte format familial de pogos que j'ai dans le congélateur et les canettes de Red Bull que j'achète à la caisse. Il me prépare des repas, me fait boire du maté avec une bombilla rapportée de ses périples. Il parle sans cesse. Il s'émerveille devant tout. C'est épuisant.

Il me répète qu'il m'aime et que je suis forte, que je suis une battante. J'aimerais avoir le droit d'être une loque humaine, d'errer dans mon appartement. Je n'ai plus le temps de fixer le mur en silence, d'être en deuil, de penser à ma grand-mère, de pleurer lorsque je compose son numéro de téléphone par habitude.

Il se tait quand nous faisons l'amour. Ce sont mes moments préférés. Il glisse sa main dans mes cheveux et je m'abandonne, il serre mes poignets derrière mon dos et j'abdique. J'ai l'impression d'être vivante. C'est la seule façon que j'ai trouvée pour m'apaiser avant de m'endormir depuis que j'ai arrêté de prendre des Ativan sous ses conseils.

Justin prend quelques contrats et travaille de la maison. Il s'installe une table dans le salon et s'y pose à partir de cinq heures le matin, jusqu'au dîner, puis il va courir, il fait une sieste, il écrit. Nous mangeons à dix-neuf heures. Cela dure quelques semaines, assez pour devenir une habitude. Je suis obligée de me lever et de prendre une douche. C'est peut-être mieux ainsi.

VII

Je pense à la maison de ma grand-mère. Nous devons la vider. Il faudra sans doute la vendre. Mes oncles sont repartis. La responsabilité retombe sur ma mère et moi, mais nous n'avons toujours pas remis les pieds chez Thérèse. Sa voisine passe arroser les plantes, ranger le courrier, nourrir le chat errant qui s'est établi dans le jardin. Ma mère m'a remerciée pour le poulet, les masques et le vernis. Elle m'a remis le rouge : *Ce n'est pas mon genre.*

Mes amies ont appris, pour Thérèse. Elles ont dit : *Une chance que Justin est là.* L'une d'elles m'a envoyé des fleurs, une autre m'a invitée au restaurant. On m'a reproché de ne pas leur avoir dit plus tôt, de ne pas les avoir invitées aux funérailles, mais, dans un même souffle, on m'a aussi dit qu'on était occupé, que c'était difficile de trouver du temps, que le travail, les enfants, la nouvelle maison, c'était beaucoup, peut-être trop. J'ai senti mes amies tristes, mais trop épuisées pour se verser dans leur tristesse et pour la partager avec moi. J'ai senti mes amies loin.

VIII

Ma grand-mère est morte depuis un peu plus de trois mois. Même si c'est l'été, il fait froid, il pleut, je manque de vitamine D. Nous avons commencé à vider sa maison : la vaisselle, certains meubles, les albums photos. J'apprends que je suis enceinte. Justin est ravi. Moi, j'ai peur. Je me demande si ma tristesse n'est pas dangereuse pour mon bébé. Justin me prépare des smoothies, il fait des recherches sur l'accompagnement à la naissance, il me parle de sagefemmes, du danger des épidurales, de déménager. Il a trouvé une courtière qui nous envoie des photos de maisons en nous indiquant toujours la cause de la vente : un divorce, une mort, une faillite, une maladie. Justin se frotte les mains devant chaque reprise de finance. Je refuse systématiquement de visiter. Parfois, je feins un intérêt, puis me désole devant l'image d'une cuisine défraichie ou d'un linoléum qui donne le tournis.

Je suis enceinte et je suis triste parce que ma mère ne réagit pas comme les nouvelles grands-mères dans les vidéos sur YouTube. Je suis triste parce que Thérèse aurait ri et pleuré comme elles. Il s'en est fallu de peu pour qu'on partage ça, elle et moi.

Les algorithmes de mes réseaux sociaux me martèlent de compilations de grands-mères heureuses et surprises qui cassent des choses tellement elles sont extatiques, les algorithmes me crissent son absence dans la face un peu plus chaque jour, me proposent des publicités d'arrangements funéraires, d'assurances vie. Je maudis toutes les vieilles qui lui ont survécu, qui se pavanent avec leur âge vénérable, leurs rides, leur marchette, les photos des petits-enfants et des arrière-petits-enfants qu'elles ne voient pas ou très peu, une descendance qui s'en balance d'elles. Je rêve d'aller lancer des œufs sur les dames qui se rencontrent sur la terrasse du restaurant familial tout près pour jouer au bridge. Je les trouve indécentes de se pavaner ainsi, avec leur santé fragile, mais stable. Je voudrais défoncer la porte du salon de coiffure en face de leur résidence de luxe pour personnes âgées et injecter de la teinture jaune dans les tubes de produits pour permanentes.

Je dors beaucoup, et maintenant on me laisse faire. Je pleure aussi, et maintenant on dit que ce sont les hormones. La peau de mon abdomen est un peu plus tendue sur mes deux bourrelets du bas. On me dit que c'est merveilleux, qu'on voit déjà mon ventre, mais mon ventre a toujours été là sans qu'on s'en extasie.

Justin s'est procuré un bureau à hauteur ajustable. Il travaille debout, des heures durant, il répète qu'on devrait tous le faire, il souligne plusieurs fois par jour à quel point il se sent mieux, que je devrais peut-être essayer. Je lui rappelle que je suis enceinte et que ce n'est pas possible. Il me répond : *Après*.

Je lui confie, un soir, que j'ai peur que mon bébé soit une réincarnation de ma grand-mère, que j'ai peur de poser un masque sur le visage de mon enfant et de n'y voir qu'elle. Il rit. Il me dit : *T'es niaiseuse, voyons*. Il me montre le visage de notre bébé qu'il a conçu à partir de photos de nous avec une application bidon. *Tu vois ?* Je souris pour ne pas pouffer. Je n'ai jamais vu un enfant aussi laid, aussi ingrat. Et même pas d'une laideur qui rend attachant. Ce bébé est d'une hideur consternante. Justin me demande : *Tu penses quoi de Ferdinand ?* Et, bien franchement, je n'en pense rien. Je ne sais pas quoi faire de ce bébé, de la représentation qu'il fait de ce bébé.

Mon bébé à moi, il est mystérieux et dévorant, il est indéfinissable, il est en colère qu'on le prenne pour un remède, comme le Messie qui vient tous nous sauver d'un deuil, moi la première. Je ne savais pas que Justin et moi ne nous comprenions plus. Mon bébé me l'apprend.

Mon bébé refuse tout, il me fait dégueuler les smoothies amers de Justin, m'oblige à me reposer, me donne le droit de pleurer. Je n'aime personne plus que lui, mais je ne sais pas ce que j'ai à lui offrir. Je ne suis ni drôle ni gentille, je ne cuisine pas très bien, je ne suis pas patiente, je n'ai ni le talent ni l'envie de lui faire une murale dans sa chambre, je ne connais pas de comptines.

J'aime aller au parc et me bercer, j'imagine que ce sera suffisant pour les premières années.

Je regarde toujours la couleur du papier de toilette quand je m'essuie. J'ai peur d'y trouver du rouge. Hier, Justin a jeté un bout de papier taché de sang après s'être rasé et n'a pas tiré la chasse. J'ai fait une crise quand je l'ai vu. Justin m'a dit que ce n'était pas de sa faute, que ce n'était que du sang.

IX

Je suis dans la salle de bain chez ma grand-mère. Je trie les produits de beauté : les produits périmés, les produits neufs, les contenants presque vides. Je cherche son parfum, mais je ne le trouve pas. Elle n'a jamais voulu me dire ce qu'elle portait. Je lui en veux d'avoir gardé ce secret, de me priver à tout jamais de son odeur. Elle me manque, la vieille conne. Dans un contenant de plastique, je trouve son ancien dentier. Je le regarde un instant. Je ferme le couvercle, je m'apprête à déposer la boîte dans la pile de choses à jeter, puis je me ravise et je la cache dans mon sac. J'ai le cœur qui accélère. Je suis tannante et dégoutante. Ma mère entre. Je lance mon sac dans le coin de la pièce. Elle ne remarque rien. Elle m'offre des noix et de l'eau. *Il faut manger.* Elle repart ; c'est elle qui s'occupe du sous-sol.

J'ai mal au ventre. Je fais des pets incroyables qui résonnent dans la pièce presque vide et dont le vieux ventilateur de salle de bain ne vient pas à bout. J'ai l'impression que chaque flatulence se condense dans l'air autour de moi. J'ai des haut-le-cœur qui me font pleurer de rire. J'espère que personne ne me rejoindra.

Je jette les flacons vides, je rince ceux que l'on peut recycler, j'offre le reste à ma mère. Elle n'en veut pas. Pendant qu'elle s'occupe de la cuisine, je prends en charge le ménage du bureau, que ma grand-mère gardait toujours sous clé et qu'elle qualifiait d'entrepôt poussiéreux. En y entrant, je suis surprise de ne pas reconnaitre la pièce où j'ai passé des heures, dans mon enfance. La machine à coudre et les rouleaux de tissu ont disparu. À leur place, je trouve un bureau, un MacBook Pro, une chaise d'ordinateur luxueuse, une bibliothèque remplie de dossiers, un joli fauteuil, une table à café en marbre, un trépied sur lequel trône un anneau lumineux.

Les rideaux de dentelle ont été remplacés par de lourdes tentures en velours vert bouteille. Je suis chez ma grand-mère comme chez une étrangère, mais je reconnais son gout, son assurance, le plaisir qu'elle trouvait dans le contraste des textures. Trop fatiguée pour me poser des questions, je m'assois dans le fauteuil et je m'endors.

Quand j'ouvre les yeux à nouveau, il fait noir. Je descends rejoindre ma mère qui s'agite autour d'une dizaine de boîtes dans la cuisine. Les armoires sont vides, il n'y a plus trace de Thérèse ici. Elle me demande où c'en est pour le bureau, je lui dis : C'est plus de travail que je pensais, je vais revenir plus tard cette semaine. *Okay. Prends ton temps. On a encore jusqu'à la fin de l'été.*

Je ramène à mon appartement les plantes de Thérèse. Justin en accroche quelques-unes pour moi. Je constate avec joie qu'elles ne meurent pas sous mes soins, que des nouvelles feuilles apparaissent chaque jour et que l'air est moins lourd. On dirait de plus en plus un foyer, et j'imagine un enfant y vivre.

Je fais des listes de prénoms, je m'endors en écoutant des tutoriels de crochet sans jamais m'y mettre. Quand Justin m'énerve, je prétexte le ménage à faire chez Thérèse et je vais dormir dans son bureau. J'y dors si profondément que j'ai l'impression qu'un trou noir aspire ma fatigue. Le fauteuil me libère de mes rêves, des visions de vieilles femmes en terrasse dont les traits prennent ceux de Thérèse, de la peur que sorte d'entre mes cuisses un bébé qui ressemblerait à Justin.

X

J'ai envoyé des photos de mes protège-dessous à Alice, mon amie infirmière, j'ai engueulé la fille du 811, j'ai supplié la pharmacienne, je me suis fait tirer au tarot, j'ai essayé de méditer, j'ai crocheté des petites tuques, puis je suis allée à l'hôpital.

Je suis ici depuis des heures. J'ai l'impression que la moitié de la ville m'a vu pleurer. Tout le monde sait que je suis ici pour perdre mon bébé. On me regarde avec pitié, on me dévisage, on se donne le droit de s'enquérir sur ma situation, c'est le prix de mes reniflements, de mes sanglots étouffés.

Justin m'a demandé: *T'es certaine?* Je lui ai répondu que non, que je n'avais rien vu passer, encore. Il m'a dit: *Je pense à toi. Texte-moi quand tu en sais plus.* J'ai envie de l'appeler pour l'engueuler, lui crier que je ne devrais pas avoir à lui demander de venir me rejoindre, que ce n'est pas correct de me laisser ici toute seule, qu'il a voulu bien plus fort que moi avoir ce bébé, qu'il m'a suppliée et que j'ai dit oui, et, que, maintenant, il n'y a rien que je veux plus que ce bébé qui est sur le point de m'échapper.

J'ai peur de rester ici trop longtemps, de le perdre dans la toilette de l'hôpital pendant que quelqu'un cogne impatiemment pour chier tous les mauvais cafés enfilés pour passer le temps. J'ai peur de me mettre à saigner beaucoup, de tacher mes vêtements. Je n'ai pas pensé à apporter de quoi me changer.

Quand je suis arrivée, j'espérais encore que j'exagérais, que c'était normal. On m'a dit qu'une grossesse sur cinq s'interrompait d'elle-même, on m'a dit que c'était courant, que je pouvais attendre chez moi voir si ça arrêtait, mais que je devais revenir si je remplissais plus d'une serviette à l'heure et que je devrais tout de même avoir une échographie, question de savoir si un curetage était nécessaire.

Je fais une liste de toutes les choses que j'ai fait subir à mon bébé : la boîte trop lourde que j'ai soulevée en vidant la bibliothèque de ma grand-mère, les quelques fois où j'ai bu trois verres de vin avant de savoir que j'étais enceinte, les Ativan la semaine où il a été conçu, la tristesse qui ralentit tout mon corps, les produits ménagers trop forts que j'utilise pour laver mes planchers, les œufs que je ne mange pas cuits dur.

Le docteur m'a dit que c'était mieux comme ça, que rien n'arrivait pour rien, que ça faisait partie des risques. Je lui ai dit que c'était peut-être mieux qu'il ferme sa crisse de gueule, qu'il pouvait bien les garder pour lui ses phrases poches, il m'a dit de me calmer madame, que j'étais émotive, je lui ai dit que j'aimais mieux m'enlever le bébé avec une Shop-Vac que de le laisser me toucher à nouveau.

Je suis partie avec mon corps-cercueil, j'ai appelé des dizaines de cliniques d'avortement et j'ai braillé sur tous leurs répondeurs. J'ai espéré voir lundi arriver avant l'hémorragie. J'ai chanté des chansons pop poches en pleurant dans la douche. Je me suis demandé si l'embryon tiendrait dans une DivaCup. J'ai commandé une Shop-Vac et j'ai envoyé la facture à l'hôpital pour me faire rire. Justin a soupiré. *Est-ce que c'est une blague, pour toi ?* Je lui ai dit : Voyons, je vais la retourner, la balayeuse. T'en fais pas. Il est parti aider son ami à changer un pneu sans aller me chercher le verre d'eau que je lui avais demandé. J'ai eu des contractions toute la nuit.

Ce n'était pas gros. C'était recroquevillé comme pour dormir tout le temps et regarder ses doigts. Plus petit que les bébés souris sous mon évier. Combien de ceux-là se retrouvent dans les égouts ? Je cherche le plan des services d'épuration des eaux de la ville et je suis avec mon index le chemin qu'a pris mon bébé.

XI

J'entends les sirènes des pompiers et j'espère que c'est moi qu'ils viennent chercher, qu'une voisine les a appelés et qu'ils viennent éteindre ma maison en feu. Mais ma maison n'est pas vraiment en feu et je ne sais pas ce qu'ils feraient de moi. Je voudrais qu'on me dépose dans un lit avec des draps lourds où je pourrais dormir longtemps. J'ai besoin que le temps passe. Justin a dormi chez sa mère. Il me dit qu'il ne dort pas bien ici, que mes pleurs le réveillent, que ma tristesse lui pèse.

Je suis tout le temps dans mon bain. J'y reste longtemps après que l'eau soit devenue froide. J'imagine des baleines gavées de toutes les capotes que Justin a flushées dans le fleuve, j'imagine qu'elles ont donné naissance à des sirènes qui accueillent mon bébé. Je suis un poisson flasque et laid qui disparait avec la merde dans les tuyaux, qui se ramasse dans le fleuve et qui chante faux. Mes cheveux s'emmêlent dans des sacs de plastique, je croise des esturgeons à trois yeux et des crapets pleins de cataractes. Je m'ennuie.

Je sors du bain pour répondre au facteur. Il me remet des petits pyjamas que j'envoie à Justin avec un test de grossesse positif acheté sur Internet. Il me demande d'arrêter, il me dit que je suis folle, que mon bon sens est parti avec le bébé quand j'ai tiré la chasse. Il n'a pas tort.

L'hôpital me renvoie la facture de l'aspirateur, que j'ai oublié de retourner et qui me nargue, dans le coin du salon.

Je ne peux pas m'empêcher de penser que la blague en valait la peine.

XII

Je texte à Aleks une photo de ma Shop-Vac. Iel me demande ce que je vais faire avec, maintenant que mon bébé laid est parti, et me supplie de pas la donner à mon docteur parce que les riches ne méritent ni mes blagues ni ce merveilleux engin. Je lui réponds que je la lui offre. Iel jubile, me donne rendez-vous pour le lendemain, puis m'explique longuement les drames qui se déroulent dans son aquarium géant, m'entretient des sentiments contradictoires qui l'habitent depuis que son poisson préféré en a tué un autre, du nouveau filtreur, du débat qu'iel a gagné dans un forum d'aquariophiles et qui a causé le départ de sa némésis, gbedard82. Je l'écoute sans l'interrompre, son enthousiasme enveloppe mon cerveau, maintient mes pensées dans une sorte d'immobilité apaisante. Sa voix est douce et grave. Je n'entends jamais Aleks parler autant que lorsqu'iel me raconte ce qui se passe avec ses poissons.

Iel m'envoie des vidéos de son aquarium pour me présenter ses nouveaux habitants. Ses explications sont de plus en plus techniques, de plus en plus précises, et je perds le fil. Je ne sais plus qui sont Bobby et Eugène, ni pourquoi ils ont dû être séparés, ni la raison pour laquelle les *Danio rerio* doivent absolument tous s'appeler Kukum.

Je pense à mon bébé, je m'ennuie de Justin un peu, de Thérèse beaucoup, je suis horny et lasse, mes cheveux sont gras et leurs racines m'élancent, et soudainement j'en veux à Aleks de m'étourdir, de ne pas me poser de questions, de trouver mon bébé laid. Je lui dis comme ça, sans prévenir, Aleks, réalises-tu que je ne vais pas bien? Que je viens de perdre mon bébé, mon chum, ma grand-mère, que je ne sais plus ce que je vais crisser de ma vie?

Iel me répond que oui, je lui réponds okay. Je jette mon téléphone à l'autre bout de la pièce et reste quelques secondes immobile dans mon lit, les bras croisés, avant de me ruer pour constater l'ampleur des dégâts. La vitre de mon écran est brisée, et j'explose en larmes.

J'essaie de rationaliser ma colère contre Aleks, j'essaie de me faire croire que j'ai raison, qu'iel a été insensible, que ça va de soi qu'on anticipe mes besoins après tout ça – mais qui, sauf peut-être Thérèse, a déjà été capable d'anticiper mes besoins?

J'essaie de me masturber, mais je n'arrive pas à créer de momentum, je ne parviens pas à me concentrer sur mon clitoris, mes pensées sont constamment interrompues par des vagues de honte et de tristesse, l'état de mon téléphone m'empêche d'écouter de la porno, mon ordinateur est loin, sur la table de la cuisine, et je me résous à fixer le vide jusqu'à ce que je m'endorme, la main dans mes culottes.

Je reste dans mon lit longtemps après mon réveil, j'attends que ma vessie soit sur le point d'exploser pour me lever, en route vers la toilette j'attrape une banane dans la cuisine et sitôt soulagée je retourne me coucher. Il est midi. Aleks devait passer à dix heures. Iel n'est jamais vraiment ponctuel·le, mais j'ai un trou dans le ventre à m'imaginer qu'iel ne viendra pas, qu'iel ne veut pas me voir, que j'ai été trop loin. Je mange ma banane assise en tailleur en regardant les feuilles de mes plantes tomber sur le tapis du salon, et j'écoute les bruits du dehors en espérant entendre une portière claquer.

Aleks arrive chez moi à quatorze heures, s'assied à la table de ma cuisine sans me dire bonjour, sort de sa poche une boîte en métal, l'ouvre et roule le plus gros joint que j'ai jamais vu, une grosse baguette dont les parfums de lavande et de poivre me piquent le nez. Je lae suis sur mon balcon où iel allume la chose, en prend une bouffée que j'interromps en m'emparant du joint à même ses lèvres. Aleks fronce les sourcils. *Dude, t'as mis tes mains où?*

J'inspire une grande bouffée qui me souffle instantanément. Je ne sais que répondre, oh maille god, Aleks, oh maille god! Iel sourit, et je peine à trouver mes mots, je ne peux que rire et lae regarder. J'ai essayé de me branler, Aleks. Mais j'étais pas capable. Imagine. Je suis pas capable de me branler. Je ris et je pleure aussi. Nous fumons encore un peu, mais pas tout. Je dépose ma tête sur ses cuisses, et iel me flatte les cheveux pendant que nous observons le voisin d'en face laver sa voiture minutieusement.

Aleks me rappelle qu'iel est là d'abord pour la Shop-Vac, pour moi ensuite. Je la lui montre, et iel m'ordonne de m'habiller. Je proteste, mais iel fouille déjà dans mes tiroirs, me tend des culottes, une paire de jeans et une chemise à carreaux. Je lui dis que je n'ai pas la force, que je n'ai pas envie, que je suis sale de toute façon. Iel insiste. *Est-ce qu'il va falloir que ce soit moi qui t'habille?* Mon vagin se serre un peu lorsque nos regards se croisent. Je prends mes vêtements et cours à la salle de bain pour cacher que je rougis.

Quand j'en sors, Aleks est déjà dans le stationnement avec l'engin qu'iel branche sur le coté de mon immeuble. Iel aspire les roches sur l'asphalte, complètement émerveillé·e. C'est tellement puissant. Le bruit attire l'attention du voisin d'en face dont la voiture reluit maintenant. Il nous salue de la main, et nous faisons de même. Il ne lui en faut pas plus pour traverser la rue et nous rejoindre. *C'est une belle machine que vous avez là.*

Je n'ai jamais vu mon voisin d'aussi près et je suis fascinée par ses vêtements : un pull, un col roulé, des jeans et une ceinture qui semblent sortis tout droit des années 90 tout en ayant l'air parfaitement neufs. Il se présente à Aleks, il dit son nom : *Bill Ouellette*. Aleks et lui parlent des Shop-Vac, de leur capacité à aspirer du liquide, de la garnotte, des cendres. Bill raconte que sa femme a jeté la leur après qu'il ait aspiré Coco la perruche. Aleks lui demande s'il a des choses à aspirer. Les yeux de Bill s'écarquillent.

Sans que j'aie eu le temps de comprendre quoi que ce soit, nous sommes dans le garage de Bill, Bud Light à la main, pendant qu'il se démène à quatre pattes dans sa petite voiture avec le tuyau de la Shop-Vac.

Aleks rallume notre joint et le passe à Bill qui en prend une bouffée interminable. Nous coupons du bois avec une scie ronde pour en aspirer les copeaux, nous aspirons le fond de nos bières, les flaques d'eau sur le trottoir, des légos abandonnés dans un vieux carton, la bédaine de Bill, le verre brisé des bouteilles que nous échappons. Bill sort du coffre de sa voiture une boîte de vaisselle qu'il devait aller porter à la Saint-Vincent de Paul et qu'il vide sur le sol. Nous sautons à pieds joints sur les assiettes, les bols et les tasses. Nous les fracassons avec une batte de baseball et une massue, nous les jetons de toutes nos forces sur les murs. Lorsque je trouve une pièce intacte, je m'en empare rapidement et la brandis en criant. Je suis un daddy parmi les daddy. Je gosse avec une machine achetée au Canadian Tire dans un garage de banlieue en chemise à carreaux, j'échange des grognements appréciatifs avec Aleks et Bill : je suis libre.

L'après-midi achève, et Bill doit arroser ses fleurs. Il les regarde d'un air inquiet. Bill invite Aleks à venir laver sa voiture la semaine prochaine. Iel accepte, puis nous retraversons la rue. Nous nous échouons sur mon divan où nous fumons encore et contemplons la Shop-Vac, cette machine festive et puissante.

Je ne fume jamais à l'intérieur, mais aujourd'hui j'observe avec fascination les volutes de fumée qui s'échappent de nos bouches, de la bouche d'Aleks surtout. Je marmonne : Tu sais ce que j'aimerais que la Shop-Vac suce ? Aleks soupire. *Ton clit.* Iel cache mal son sourire. Je lève les yeux vers Aleks, qui soutient mon regard, et je retiens mon souffle. Iel se râcle la gorge *Tu sais que des personnes sont mortes de ça ?* Je m'exclame : De manque de sexe ? *Non, de la succion d'une balayeuse, en essayant d'arrêter leurs règles plus vite.* Iel fait un bruit de succion avec sa bouche. Ça aurait pu être moi. Iel rit. *C'est pour ça que je t'en débarrasse.* Je lui demande : Penses-tu que je mourrais en jouissant comme jamais, though ? Ça en vaudrait peut-être la peine. Je ris un peu, mais au fond, je ne ris pas. Aleks ne rit pas non plus. *Hey.* Iel se lève, met sa main derrière mon dos pour me redresser, se glisse derrière moi, allonge les jambes et appuie doucement sur ma tête pour que je la dépose sur sa poitrine. Parle-moi de tes poissons, Aleks.

Le lendemain, quand je me réveille, Aleks n'est plus là. Il est treize heures, iel travaille depuis longtemps déjà. Sur la table, un sac de plastique. J'y trouve des brioches, du savon, du gel douche, un shampoing, un revitalisant, un antisudorifique et quelque chose qui ressemble à un pingouin. Au verso de la facture chiffonnée, je déchiffre l'écriture d'Aleks : *Lave-toi. PS – C'est pas une balayeuse, mais ça devrait faire une partie de la job.*

XIII

Je pensais que Justin et moi avions une histoire d'amour romantique, que notre correspondance pendant ses voyages était un signe de sentiments profonds. Je n'ai pas vu la romance cheap, les formules convenues, les airs de mystère calculés, ce manège qui ne servait qu'à lui renvoyer une image flatteuse de lui-même. Je m'imaginais qu'il était mieux que les autres : sensible, altruiste, cultivé.

J'aurais dû m'en douter, j'aurais dû le savoir au moment où il m'a léchée sans trop d'entrain pendant quelques minutes avant de me tendre sa queue à sucer, après notre premier rendez-vous.

Je ne voyais pas que sa décision de ne plus avoir de cellulaire, c'était un refus de s'investir dans notre relation, tout en sachant que j'allais l'attendre, que son confort serait garanti à son retour, qu'il aurait quelqu'un à qui raconter ses histoires interminables. Pendant qu'il était en voyage, notre appartement n'était guère plus qu'un entrepôt pour ses meubles et, moi, la gardienne. J'étais le piédestal sur lequel il venait poser son cul quand il était fatigué. J'ai pris soin de son bonsaï, de sa maman kombucha, de son crisse de cochon d'Inde ; il n'a pas été foutu de me flatter le dos quand j'ai perdu notre bébé.

Il me dit que ça lui fait mal, qu'il ne peut pas remettre les pieds ici, que ce serait mieux pour nous deux si je faisais ses boîtes. Il ne m'a jamais mentionné le loyer que j'allais maintenant devoir payer seule, il ne m'a jamais demandé si je pouvais me le permettre, s'il me mettait dans la merde. Il part.

Mes amies débarquent, enfoncent la porte, ouvrent les fenêtres, passent le balai. Elles disent, *C'est trop, c'est assez* : *Thérèse, le bébé, Justin*. Nous disposons de ses affaires dans des boîtes souillées récupérées derrière la fruiterie. Nous donnons le rongeur à la petite voisine d'à côté. Nous faisons rugir la Shop-Vac. Nous aspirons tout ce que Justin a laissé trainer, ses rognures d'ongles, son maté, les coins détachables des pages de son agenda. Nous avons brulé la photo du bébé laid qu'il avait été jusqu'à imprimer. Nous mangeons du chou, des brocolis, des haricots. Lorsqu'une de nous manifeste le besoin de péter, nous lui tendons un pot Mason dans lequel elle s'exécute et le referme aussitôt. Justin a des dizaines de pots Mason vides et pleins. Il les utilise pour ses lunchs, pour ses courses, pour ses réserves de kombucha. Il s'en sert comme tasse, comme vase, pour y mettre sa brosse à dents, sa monnaie, sa quincaillerie. De petits éclats de caca ont giclé sur les parois en verre d'un pot lorsque Brintha y a pété. Nous nous sommes écroulées de rire, nous avons crié de joie et de surprise, nous avons pleuré autant que nous le permettaient nos corps déshydratés par la téquila.

Les rires de mes amies hantent encore le salon au petit matin. L'appartement est désencombré ; je peux y marcher sans me cogner les orteils contre une caisse, un bureau, un amplificateur de guitare. Ce n'est plus une salle d'attente avant la vie de couple, la vie de famille, c'est mon endroit à moi.

XIV

Je suis retournée dans le bureau de ma grand-mère dans l'espoir d'y dormir comme avant, mais je n'y parviens plus. Je suis obnubilée par un sentiment d'attente fébrile. Je me sens comme dans un théâtre vide, sans l'impression de froid qui prend aux os.

Mes oncles veulent vendre la maison au plus vite, et on m'a affectée au classement des papiers. Je sais que c'est ce qu'il faut faire, que c'est mieux, peut-être, mais je n'en ai pas envie.

Ma mère, elle, est d'une efficacité affolante. Elle vide une chambre au complet dans le temps qu'il me faut pour déplacer une boîte.

J'aimerais être dans les affaires de Thérèse encore un peu. J'aimerais savoir si elle avait vraiment un tatouage sur une fesse ou bien si j'ai halluciné tout ça. J'ai trop peur de la réaction de ma mère pour lui demander de me rassurer. J'aimerais trouver les indices secrets que ma grand-mère m'a laissés, une combinaison d'espionne en latex, une veste pare-balle, un gun et un tiroir avec les photos des politiciens qu'elle a abattus. J'aimerais trouver, dans sa bible, une carte postale qui me conduirait à une villa en Espagne où on m'attendrait, où on me raconterait tout d'elle et où on m'offrirait l'occasion de repartir à zéro. Mais je suis responsable des papiers, et tout va trop vite.

Sur un document, je trouve une vieille pastille pour la gorge collée et je m'émeus. Elle filtre les rayons du soleil et brille comme un ectoplasme flottant au-dessus des formulaires.

Je me rappelle cette habitude qu'avait ma grand-mère de laisser ses pastilles ou ses gommes à mâcher sur les papiers qui trainaient. Ça me répugnait. Je me rappelle la forme parfaite des boulettes qu'elle faisait avec ses gommes de prescription pour arrêter de fumer, je me rappelle la fois où elle en avait déposé une sur mon diplôme d'études secondaires que j'étais venue fièrement lui montrer, je me rappelle la marque que ça avait laissée.

Cette pastille est une des dernières preuves qu'elle a été ici, qu'elle a vécu ici, qu'elle n'est pas qu'une fabulation. Un jour, elle était là, dans son bureau, elle a décidé qu'elle en avait assez de cette pastille, que sa toux s'était suffisamment calmée. Elle a posé la pastille sur cette feuille de papier, en pensant la terminer plus tard, et n'y a plus jamais touché. Elle l'a oubliée là, pour toujours. Sans vraiment réaliser ce que je suis en train de faire, je décolle la pastille et la dépose sur ma langue. Et je pleure.

Je m'ennuie tellement. Je l'imagine crier de dégout, me demander ce que je fais là, se foutre de ma gueule en me flattant les cheveux, le regard inquiet. Je me moque de moi, de cette idée terrible de suçoter la vieille pastille de ma grand-mère. Mon nez coule. Je m'essuie avec le revers de ma manche. J'ouvre la boîte où sont rangés d'autres papiers qu'il me revient de trier.

Les archives de ma grand-mère sont soigneusement organisées. Tout est identifié et placé dans de grandes enveloppes brunes réparties dans une douzaine de chemises. Elle rend mon travail facile. Il me suffira de mettre de côté ce dont la comptable a besoin pour produire sa déclaration d'impôts.

Je trouve les papiers concernant sa pension, la pension de mon grand-père, l'aide gouvernementale, les médicaments prescrits et achetés au cours de la dernière année. Je trouve aussi des factures. Beaucoup plus que je ne me l'imaginais. Sur l'une d'entre elles, je lis en entête *Las Vegas Dance Institute for the Elderly* et plus bas *Twerk It Like You Mean It: workshop*. Un atelier qui lui a couté 500 $ US et qu'elle aurait suivi en janvier.

Elle était à Las Vegas pour voir Céline Dion ce mois-là. Les dates correspondent. Je ne comprends rien.

Je me souviens de ma grand-mère qui gigue, de ma grand-mère qui valse. Je ne savais pas que ses hanches avaient la mobilité nécessaire pour twerker. Je dois mal comprendre.

La facture suivante rend compte de l'achat de matériel d'éclairage, une autre vise une formation Photoshop niveau intermédiaire. J'ai l'impression qu'on me niaise, mais ni ma mère ni ses frères n'ont ce genre d'humour. J'ai l'impression de préparer la déclaration d'impôts d'une inconnue. Je retourne dans son classeur repêcher la déclaration de l'année précédente. Sur le compte rendu émis par la comptable, je lis: *travailleuse autonome*. Même chose pour l'autre d'avant, même chose pour les sept précédents en fait.

J'ouvre la porte et j'appelle ma mère. Elle me rejoint, l'air exaspéré, avec une boîte sous le bras. Je lui demande si grand-maman était travailleuse autonome. Les muscles dans son visage se figent. Elle répond: *Oui*.

Je sens la pastille fondre et disparaitre sur ma langue.

XV

J'ai pris toutes les factures que ma grand-mère a incluses dans ses déclarations d'impôts des huit dernières années. Je les ai collées sur le mur de mon salon. J'essaie de faire son portrait à partir des informations qu'elle a filées à sa comptable. Je suis jalouse. Je suis triste. Je me sens trahie. Je vois sur mon mur les factures de la personne la plus drôle et la plus mystérieuse qui soit, une femme dotée d'une intelligence qui me renverse, mais je ne la reconnais pas.

Thérèse a suivi des formations de danse, de santé sexuelle, de comptabilité, de retouche photo, de marketing, de design web. Elle a acheté des caméras, des lentilles, des trépieds, du matériel d'éclairage, des micros, des logiciels, un domaine web. Elle a produit des revenus grâce à des formations données en ligne. Elle gérait un organisme sans but lucratif: L'intimité n'a pas d'âge. Et je ne savais rien de tout ça. Elle ne m'a rien dit.

Je m'imagine bien les raisons pour lesquelles elle aurait voulu garder ses activités secrètes, mais il n'y en a aucune qui justifie qu'elle m'ait caché tout ça, à moi. Je pensais qu'on était une équipe.

XVI

Ma collègue Guylaine, caissière à la pharmacie, me chicane gentiment et me convainc de réduire mes heures de travail. Elle garde mon sarrau propre et m'apporte de la soupe. Je l'aime.

Je ne vis que pour les siestes dans la maison de ma grand-mère. Je dois me rendre sur les lieux pour poursuivre mon enquête. J'entre dans son bureau avec l'intention d'aller au fond des choses. Je cogne d'abord sur chacune des lattes du plancher en espérant y trouver un rangement dissimulé. Rien. J'entends la maison craquer et je sursaute au moindre bruit. J'ai l'impression que quelqu'un peut surgir à tout moment dans le bureau et me chasser, me réprimander, me gueuler de faire les impôts et de me mêler de mes affaires.

J'entreprends d'inspecter plus scrupuleusement le meuble de travail, je vide les tiroirs remplis de papeterie, de crayons, de lunettes de lecture. Je suis déçue de ne pas y trouver un double fond. Tout est normal, en ordre, ordinaire.

J'ouvre la garde-robe que ma mère m'a conseillé de garder pour la fin. Tout est là. Rien n'est caché. Les tablettes sont occupées par des bacs de rangement nettement étiquetés : éclairage, caméra, accessoires, jouets, décor, micro, notes, L'intimité n'a pas d'âge. Sur la face intérieure de la porte, une feuille avec des identifiants et les mots de passe qui leur sont associés est collée au ruban adhésif, et ça me fait sourire. C'est peut-être la seule chose qui me rattache vraiment à ma grand-mère. Les mots de passe sont compliqués et incluent des caractères spéciaux, des chiffres, des majuscules. Je note celui de son ordinateur.

Je m'assois devant le portable de Thérèse, je le mets en marche et j'y tape le mot de passe. J'ai les mains moites, j'entends mon cœur qui bat, j'ai l'impression que quelqu'un m'observe. Sur le bureau, une dizaine d'icônes correspondant à autant de dossiers s'affichent, mais il n'y a qu'un nom qui capte mon attention : *La Chienne de Pavlov*. Je me rappelle avoir entendu ça quelque part, aux funérailles, peut-être. Mes doigts tremblent. Je sais que tout ce que je cherche se trouve là. Je fais glisser le curseur sur l'icône et clique deux fois.

Il y a plusieurs sous-dossiers : vidéos, statistiques, sécurité, domaine, infos. Je clique sur ce dernier, j'y trouve un document Word qui commence avec une adresse URL et dont le volet de navigation me montre différents intitulés de sections : code de conduite, conseils, clients réguliers. Une notification du calendrier apparait sur l'écran : *Rendez-vous épilation jambes 14 h*. Et je pense : tout ça est ridicule, ma grand-mère n'est pas cette personne, pourquoi aller chez l'esthéticienne et en partir le menton velu?

Je doubleclique sur l'adresse URL. Sur la page d'accueil, en gros caractères roses, je lis : *La Chienne de Pavlov : camgirl, camcoach & activiste*. Sous le titre, une photo de ma grand-mère de dos dans un champ de lavande, ne portant qu'un soutien-gorge, la tête tournée vers la caméra. La fée tatouée sur ses fesses me fait un clin d'œil. Thérèse sourit. Je la sens sensuelle, espiègle et confiante.

Ma grand-mère était une camgirl.

Ma grand-mère était aussi la fondatrice et CEO d'une OSBL qui offre des services d'atelier et de formation en résidences et en CHSLD.

Je n'ai pas le temps de comprendre ce que je vois que je suis déjà dans la section *shows* de son site, que je m'abonne à son forfait *archives et vidéos mensuelles*, que j'entre les données de ma carte de crédit, que je clique sur l'hyperlien reçu dans ma boîte courriel, que j'ouvre une vidéo au hasard.

Ma grand-mère est dans sa cuisine baignée de lumière. On la voit d'abord postée derrière son ilot, comme si elle se préparait à animer une émission de cuisine. Une musique jazz joue en fond sonore. Elle porte un haut vert, un collier de perles et un pantalon à carreaux blancs et noirs sous un tablier blanc. Quand je la vois verser de la farine dans un large bol en se dandinant, y ajouter de la poudre à pâte, du bicarbonate de soude, du cacao, je devine la recette en cours : je l'ai vue faire si souvent.

Dans un autre bol, elle mélange le sucre, les œufs, l'huile, puis bat vigoureusement le tout en regardant droit dans la caméra. Thérèse commente sa recette : *C'est pas très compliqué, mais c'est la meilleure recette.* Le contenu du second bol est versé dans le premier, ensuite elle remue. *Il faut touiller, mais en donnant le moins de coups possible pour que ce soit bien moelleux.*

Elle verse la pâte dans des moules, puis prend une spatule en silicone étroite, la passe au fond du bol et la lèche, d'abord lentement, puis plus énergiquement, avant de se l'enfoncer dans la gorge et de la ressortir toute propre. Ma grand-mère rit doucement et enfourne le gâteau.

Tandis qu'elle nettoie le comptoir, elle parle de la solitude, de la mort de son mari ; dit qu'elle est heureuse de passer leur anniversaire avec nous. Je ne comprends pas de qui elle parle quand elle dit *nous*. Thérèse s'approche de la caméra, chuchote qu'elle nous revient quand le gâteau sera prêt. Fondu au noir.

    De retour à la cuisine. Ma grand-mère dit: *Ouf. Il fait chaud ici. La climatisation est brisée.* Sur son comptoir, je remarque un bouquet de scabieuses. La vidéo doit avoir été réalisée en aout dernier. Je suis fascinée. La Thérèse de l'écran retire son chandail, le plie soigneusement et révèle un justaucorps en microfibre noire translucide sur les côtés, avec un col montant qui fait ressortir son collier. Vient ensuite le tour du pantalon, qu'elle plie lui aussi et dépose sur le dossier d'une chaise.

    La minuterie sonne. Ma grand-mère nous tourne le dos, fait mine de se pencher pour ouvrir un tiroir, mais s'interrompt, se retourne, adresse un regard complice à la caméra avant de cambrer son dos un peu plus et de prendre ses mitaines de four. Les mitaines enfilées, elle sort les moules à gâteaux qu'elle dépose sur son ilot. Suit la mise en garde si familière: *Il faut attendre que ça refroidisse avant de mettre le crémage.* Les moules rangés au frigo, elle contourne l'ilot, se place devant, dit: *Google, fais jouer « Candy Shop » de 50 Cent, s'il te plait.*

    Ma grand-mère est polie avec Google, ma grand-mère danse, elle se trouve drôle, ses fesses bougent, rebondissent, tremblent. Thérèse retourne derrière l'ilot et se déhanche toujours plus bas jusqu'à disparaitre. Quelques secondes passent sans qu'on la voie, et quand elle se lève, c'est avec une silhouette grandeur nature de Barack Obama, une découpe de Coroplast autour de laquelle elle se trémousse et se tortille. La chanson se termine, elle embrasse Barack sur la joue. *Merci, minou.*

Cette Thérèse inconnue de moi reprend la spatule qu'elle a utilisée plus tôt, sort un pot de crémage, l'ouvre, y passe un doigt qu'elle lèche. Elle sort les moules du frigo, les redépose sur l'ilot. Délicatement, mais fermement, elle démoule les deux étages du gâteau. Elle crème le premier, puis le second. Elle verse des bonbons décoratifs sur le gâteau crémé, d'abord en une pluie fine, puis le contenant au complet; il y en a partout. Thérèse enfonce des bougies dans le gâteau moelleux, les allume, puis se met à chanter, d'une voix grave que je ne connais pas, en s'adressant à la silhouette en carton de Barack Obama. *Happy birthday to you, happy birthday to you, happy birthday, Mister President, happy birthday to you.*

Doucement, la musique jazz du début de la vidéo reprend. La femme à l'écran s'approche du gâteau, puis, d'un souffle, éteint toutes les chandelles. Elle saisit ensuite une poignée de pâte chocolatée qu'elle écrase joyeusement au visage d'Obama en riant. *Oups.* Elle prend une seconde poignée, mange goulument. *Mmmm.* Thérèse se met à danser, étend du gâteau sur ses seins, qu'elle empoigne. Elle tourne sur elle-même en twerkant, se frotte sur Obama, retourne au gâteau, s'en prend encore plein les mains et contourne l'ilot en dansant jusqu'à faire face à la caméra.

Alors, elle se retourne et se déhanche en frottant vigoureusement le gâteau sur ses fesses. Lorsqu'il ne reste plus que des miettes dans ses mains, elle regarde la caméra, essoufflée: *Merci d'avoir fêté cet anniversaire avec moi.* Ma grand-mère s'approche de la caméra, on voit ses mamelons durcis sous son justaucorps et les miettes qui se sont logées dans le creux de ses rides. La vidéo se termine.

J'ai envie de rire, de pleurer, de crier au génie. Je l'aime, peut-être plus que jamais, et je suis en colère contre elle, peut-être plus que jamais aussi. Je ne comprends pas pourquoi elle ne m'a rien dit de tout ça.

XVII

Je texte tous les contacts de mon téléphone. Je dis quelque chose comme: Veux-tu boire un verre? J'ai besoin de parler. J'attends une éternité, assise en silence devant l'ordinateur portable de ma grand-mère avant que quelqu'un ne me réponde. D'abord ma collègue Guylaine: *J'ai deux litres de daiquiri. Où es-tu?* Puis Aleks: *Okay, j'arrive.*

Iels arrivent rapidement, ou bien je perds la notion du temps, je ne sais plus. Je les guide dans le bureau où nous nous assoyons quelques minutes, en silence. J'oublie pourquoi iels sont là, mais Guylaine me rappelle l'existence des litres de daiquiri. Je descends chercher des verres à la cuisine, avant de me buter aux armoires vides. Dans le salon, je trouve des vases que je débarrasse de leurs fleurs de polyester. Je retourne à la cuisine pour les rincer et jette un coup d'œil au contenu du Frigidaire, vide, puis du congélateur, où trainent des petites briques d'aluminium que je soupçonne être des pains aux bananes et que j'apporte avec moi.

À mon retour à l'étage, Aleks et Guylaine parlent du veuvage de Céline Dion. Je nous sers des daiquiris dans les vases. J'explique à mes invité·es ce qui se passe: ma grand-mère, sa carrière, ses secrets. Guylaine ouvre la bouche et écarquille les yeux. Aleks reste impassible, mais dit: *J'adore.* Guylaine me demande: *Mais pourquoi t'as payé si t'as son ordinateur?* Je n'ai rien à lui répondre. Je n'y avais même pas pensé. Aleks rit. *Tu t'es abonnée à la chaine de vidéos érotiques de ta grand-mère, tu te rends compte? Tu vas pas bien.* C'est vrai, je dois l'admettre. Je ne vais pas bien. Ça ne va pas. Je ne comprends pas cette nouvelle vie qui se présente à moi et cette nouvelle Thérèse qui vient me hanter.

Le daiquiri de Guylaine est vicieux et il nous faut moins d'un vase pour nous mettre à fouiller dans les bacs de rangement tirés de l'armoire. Mon téléphone vibre, je lis: *Ça me ferait plaisir, mais je sais pas si tu t'es trompée de personne.* Je donne l'adresse sans même savoir à qui je m'adresse. Sylvain-Table me répond: *En route!* Ça me prend plusieurs secondes avant de comprendre que c'est l'homme à qui j'ai acheté ma table de cuisine l'hiver dernier. Il m'avait offert de la livrer dans son pickup et l'avait montée au deuxième pour moi.

Quand je lève la tête de mon téléphone, Guylaine et Aleks, maintenant en sous-vêtements, s'enduisent respectivement de lubrifiant. Je les interroge du regard. Aleks m'explique, *C'est pour glisser dedans*, pendant que Guylaine me dévoile deux combinaisons de latex, une noire, une à motif léopard. J'ai la gueule à terre. Aleks enfile sa combinaison, Guylaine demande de l'aide. Elle est hilare et peine à mettre un pied dans l'ouverture de la jambière, Aleks lui offre son bras comme appui pendant que j'essaie de faciliter l'entrée du membre dans le boyau caoutchouteux. *Je vais faire pipi!* Fais pas pipi, Guylaine, je suis juste en dessous. On n'est pas rendu·es là encore. *T'es folle, t'es folle!* Guylaine tombe sur le côté et s'étend sur le plancher. Nous l'habillons maladroitement, mais avec entrain. Elle se relève, passe ses mains dans son afro aux boucles définies et sourit en contemplant son reflet dans le miroir.

L'odeur du lubrifiant emplit la pièce et je reconnais le parfum secret de Thérèse. Sur la bouteille je lis *Wet and wild – Lubrifiant à base d'eau.*

Aleks ouvre les briques d'aluminium trouvées dans le congélo : ce sont des brownies ornés de feuilles de marijuana en pâte d'amande. Nous partageons un morceau en regardant la vidéo de ma grand-mère que j'ai visionnée plus tôt. Guylaine et Aleks écoutent attentivement, me prennent dans leurs bras. *Elle est merveilleuse.*

Ça cogne en bas, j'ouvre la porte à Sylvain-Table qui brandit une bouteille de daiquiri. Je l'invite à me suivre au bureau. Guylaine l'accueille avec des dildos collés au front, comme des cornes. Elle annonce : *Je suis une démone* ; Aleks confirme : *Guylaine est une démone.* Sylvain-Table répond : *J'ai apporté du daiquiri.* On ne trouve plus de vase. Je dis à Guylaine qu'il en reste probablement un dans la chambre de ma grand-mère, au bout du couloir. Personne n'a encore touché à la chambre ; je me l'étais réservée comme récompense, pour après les papiers.

Elle y court. Sylvain-Table demande : *Bon, qu'est-ce qui se passe, la petite ?* Aleks s'occupe de répondre : *Sa grand-mère est morte sans lui dire ses secrets. Son bébé est mort, aussi. Et son chum de marde l'a laissée.* Sylvain-Table acquiesce. Il comprend. Guylaine lance un cri. Nous la rejoignons. Elle sort de la chambre, paniquée. *Y'a quelqu'un, y'a quelqu'un dans la chambre. Un homme !*

Aleks se dirige vers la chambre, armé·e d'un énorme dildo, marchant sur la pointe des pieds dans sa combinaison de latex, et je lae suis de près. Sylvain-Table reste avec Guylaine, l'incite à prendre de grandes inspirations, ses deux grosses mains sur les épaules de la pauvre démone.

Nous ouvrons la porte de la chambre. *On a une grosse queue et on n'hésitera pas à s'en servir.* Personne ne répond, mais quelqu'un se tient debout et nous fixe. À côté du lit, dans toute sa splendeur, la silhouette rigide de Barack Obama nous sourit avec bienveillance. Aleks la prend et la met sous son bras. Nous l'emmenons dans le bureau où Guylaine et Sylvain-Table discutent tranquillement.

Guylaine, devine qui on a trouvé? Aleks passe la tête de Barack dans l'embrasure de la porte. Guylaine est euphorique et soulagée. *Barack!* Sylvain-Table mange un brownie avec entrain et boit à même la bouteille de daiquiri. Nous nous rasseyons par terre et inventons des concepts de spectacle. Mes camarades sont doux et gentils.

J'ai l'impression d'entendre de la musique jouer, mais ce n'est qu'Aleks qui siffle. Iel parle peu, mais un sourire flotte en permanence sur ses lèvres. Je ne sais plus quelle heure il est, je ne me soucie plus des impôts. Sylvain-Table, Guylaine et Aleks pleurent de rire, et moi, je pleure de joie. Sylvain-Table nous montre son imitation de Madonna, qu'il met en scène avec des accessoires trouvés dans les bacs de ma grand-mère. Il termine son numéro sous une pluie de compliments. Il est ravissant, il est fier, il est complètement high. Tout le monde se flatte les avant-bras et les cheveux pendant que le jour se lève. Sylvain-Table part, je remarque du vernis à ongles noir sur ses doigts et je ne me rappelle pas qu'il en ait mis. Guylaine me demande si elle peut partir avec Barack, et j'ai l'impression que c'est elle qui me fait une faveur lorsque, de la fenêtre, je l'observe tituber dans cette rue de banlieue au lever du soleil, trainant laborieusement la silhouette qui la dépasse d'au moins un pied. Je n'aurais pu imaginer un tableau plus poétique.

Aleks reste avec moi. Nous nous endormons sur le sol du bureau, abrillé·es des rideaux. Je remercie ma grand-mère de m'avoir fait vivre cette soirée. Je pense à son rendez-vous chez l'esthéticienne et je comprends que son menton velu, elle le gardait pour moi.

XVIII

Je tremble encore quand je vois du sang sur le papier de toilette. La peur me revient d'un coup chaque fois. Mon corps fige au complet, ma tête aussi. Il faut que je me répète que c'est terminé, que je ne perds rien, cette fois-ci, que ce sera comme ça tous les mois pour longtemps encore. De temps en temps, j'imagine ma grand-mère flatter une crevette dans le ciel, et ça me fait du bien.

    Je demande de l'aide, j'offre de l'aide, je vais marcher avec Guylaine, je joue à Mario Kart avec Aleks en essayant d'éviter de penser à ce qui se trame en moi quand iel m'effleure, je fais des muffins à mes ami·es parents, j'envoie des mèmes à Sylvain-Table, je me commande de la lingerie en ligne, je pleure beaucoup, mais beaucoup moins qu'avant, j'ai recommencé à prendre des Ativan et du Straterra, j'ai bloqué Justin sur les réseaux sociaux, je déjeune presque tous les jours, j'ai arrêté de vouloir jeter des œufs sur les vieilles dames que je croise. J'ai pris dix livres, toutes dans mes fesses, et je me plais à les voir grouiller dans le miroir.

XIX

J'ai terminé le triage des papiers. J'ai fait une photocopie de la facture d'impression de la silhouette de Barack Obama que ma grand-mère souhaitait déduire de ses impôts, et je compte l'encadrer. Je me souhaite d'être un tiers aussi cool qu'elle. J'ai apporté son ordinateur chez moi et je regarde ses vidéos de temps en temps. En fait, j'ai déménagé tout son matériel de travail, question d'éviter que mes oncles tombent dessus.

Mon salon n'est plus vide, c'est un bunker, un laboratoire où mon délire prend toute la place. C'est un joyeux bordel où j'oublie tout le reste. Je cherche un message secret que Thérèse m'aurait laissé, mais je n'en trouve pas. Jusqu'à ce que je tombe sur le matériel de promotion des conférences pour son organisme.

C'est une vidéo d'une dizaine de minutes qu'elle envoyait aux établissements pour leur présenter son travail. Le ton évoque à la fois un numéro d'humour amateur et un argumentaire de vente. Thérèse est dans un auditorium, sur scène, elle porte le tailleur dans lequel elle a été exposée. Elle parle en marchant un peu et en gesticulant beaucoup. Elle dit :

Bonjour, je m'appelle Thérèse, je suis activiste, artiste de performance et camgirl. Sur le web, on m'appelle la Chienne de Pavlov.

Vous savez c'est qui, Pavlov ? Pavlov, c'est pas mon mari, c'est un scientifique russe qui a proposé le concept de conditionnement. Il faisait sonner une cloche au moment de nourrir son chien. Puis, un moment donné, il suffisait que la cloche sonne pour que le chien se mette à saliver. Pavlov avait réussi à conditionner un réflexe chez son pitou.

C'est quoi le lien avec mon nom? Pour faire simple, le chien, c'est ma chatte, et le but c'était de la faire saliver, parce qu'après la ménopause c'était le désert du Sahara dans mes culottes. Mon truc, c'était de me pincer les mamelons bien fort pendant chaque orgasme, qui était à peu près le seul moment où j'étais capable de sécréter. Après quelques mois, il suffisait que j'effleure mes mamelons pour devenir bien lubrifiée. Après deux ans, j'ai réussi à éjaculer pour la première fois. J'avais 67 ans.

Mais aujourd'hui, je suis pas ici pour vous parler en tant que camgirl, je viens vous parler en tant que fondatrice de l'organisation L'intimité n'a pas d'âge. Quand mon mari est tombé malade et qu'on a commencé à passer de plus en plus de temps à l'hôpital, je me suis rendu compte que tout le monde prenait pour acquis qu'on n'avait pas besoin d'intimité. La famille, le personnel soignant, tout le monde entrait sans cogner. Je pouvais pas me coucher à côté de mon Fernand sans m'emmêler dans ses fils. À la fin, tout ce qu'on voulait, lui et moi, c'était de se coller tout nus et se flatter les bras en écoutant la télé. Il voulait me donner des becs sur la tête, renifler mes cheveux, rire des jokes qu'on avait entendues mille fois déjà. C'est comme ça qu'il voulait passer ses derniers jours. Mais j'étais gênée. Je savais pas comment expliquer ça à mes enfants, aux préposées, aux infirmières... Fernand est mort avant que je trouve le courage de faire quelque chose. Vous dire à quel point j'ai regretté d'avoir laissé la gêne me priver de recevoir la tendresse de mon mari une dernière fois... J'ai fondé L'intimité n'a pas d'âge un an après sa mort, et maintenant je provoque *des discussions pour qu'on se questionne sur les rapports entre âgisme et sexualité.*

Le sexe existe au-delà de l'époque où on conçoit ses enfants, de la retraite, du veuvage. Aujourd'hui, je vous invite à réfléchir au fait que vos résidentes et résidents ont sans doute envie de continuer à explorer leur sexualité, et j'espère qu'on va mettre en place les conditions nécessaires pour que ça se passe de façon respectueuse et sécuritaire.

Comment on fait ça ? D'abord, on doit permettre la cohabitation des couples dans les chambres. Ensuite, faut s'assurer que tout le monde puisse bénéficier de moments d'intimité : on cogne avant d'entrer, par exemple. Si le résident est pas en mesure d'ouvrir la porte lui-même, on s'assure d'installer un rideau devant la porte, qu'on ouvre seulement après avoir reçu son consentement.

Aussi, on peut former du personnel à accompagner les personnes à mobilité réduite, par exemple en plaçant deux tourtereaux dans un même lit d'une façon qui évite qu'un des deux prenne le bord.

Finalement, faut accepter que les ainés ont des désirs : on a besoin d'être touchés, nous aussi, on a besoin d'éducation sexuelle, peut-être de pornographie, de jouets.

Vous aurez peut-être peur de ce que vont penser les familles de vos résidents... Qui est-ce qui veut savoir que sa mère de 72 ans a plus envie d'un cunnilingus que d'une partie de bridge ? Moi, ma petite-fille préfère penser que je suis libérée des hommes plutôt que d'imaginer la possibilité que j'aie envie de les aimer. Sur mon site, vous trouverez de la documentation à distribuer, pour aider les familles à accepter que leurs vieux sont encore vivants !

Il y aura aussi des questions à aborder concernant la santé sexuelle, le consentement aussi. C'est une bonne idée de sensibiliser tout le monde au fait qu'on doit commencer par jaser avec la ou les personnes avec qui on aimerait avoir une relation sexuelle. On s'assure que la personne a envie aussi, on nomme ce qu'on aimerait essayer, l'endroit où on pourrait essayer, ce qu'il nous faut comme ressource ou matériel pour y arriver. Surtout, on parle protection.

Je le sais, ça sonne drôle, on est pu là pour fonder une famille, mais il y a encore moyen de se donner des ITSS – des infections transmises sexuellement et par le sang. Le nombre d'ITSS chez les 50 ans et plus est en augmentation depuis le début des années 2000 au Québec. Quand mon mari est mort, j'ai passé une année à pleurer. Je me suis retrouvée seule, un peu perdue. J'ai eu des amants, sans penser deux minutes à mettre un condom. C'est comme ça que je me suis retrouvée chez le médecin à lui dire : « Ça démange, ça chauffe, ça purule par en bas. » J'étais tellement gênée d'avoir l'herpès à mon âge. Mais vous savez quoi ? Une personne sur trois a l'herpès. Vous pouvez être proactifs, offrir les tests de dépistage. C'est ni plus ni moins gênant que de se faire tester pour la haute pression ou pour le diabète.

La vidéo continue, mais moi, je n'écoute plus qu'à moitié, j'entends plutôt cette phrase, en boucle, dans ma tête : *Moi, ma petite-fille préfère penser que je suis libérée des hommes plutôt que d'imaginer la possibilité que j'aie envie de les aimer.*

XX

Je déjeune avec ma mère. Elle me parle de son prochain voyage dans le Sud, de la vente de la maison de Thérèse, des superbes platebandes de sa voisine. Elle est de bonne humeur.

J'imagine des inconnus peindre les murs de la maison de Thérèse, arracher le tapis du sous-sol, dévaster son jardin. Je savais que la maison serait vendue. Thérèse m'avait avertie. Elle m'a dit : *Ma chouette, je veux pas que tu vives avec mon fantôme. Tu prends ce que tu veux et tu pars en courant, okay ?* Je lui ai répondu oui, grand-maman, mais sans conviction. Ma mère accepte la situation, comme si une partie de nos vies n'était pas sur le point de nous glisser entre les doigts, et j'ai envie de la secouer.

Je lui parle du pervers d'à côté qui m'interpelle chaque fois que je sors de chez moi. Elle me dit que c'est un homme, qu'il va finir par se lasser, qu'ils finissent tous par se lasser. Je lui réponds distraitement, mais je ne pense qu'à lui demander : Que sais-tu ? Elle fait la vaisselle, proteste quand je propose de l'aider, m'offre de la sauce à spaghetti, j'accepte.

Toute tentative de conversation tourne au silence et je n'ai pas la force de chercher à maintenir vivant un dialogue vide. Je ne sais pas ce que nous avons en commun maintenant que Thérèse n'est plus là. Je suis un peu triste, un peu résignée quand elle me tend le pot de sauce, que je rangerai à côté de tous les autres dans mon armoire.

Elle me souhaite bonne journée, mais je reste là, près de la porte, à la regarder. *As-tu quelque chose à me demander?* J'hésite, mais je la questionne : Que sais-tu sur le travail de grand-maman? *J'en sais juste assez. C'est moi qui lui ai référé le jeune qui lui a fait son site.* Pourquoi elle m'a rien dit, à moi? *Dans cette profession-là, c'est pas rare que les familles arrêtent de parler aux travailleuses.* Mais, moi, j'aurais jamais fait ça. *Je dis pas qu'elle avait raison, mais elle avait ses raisons.* Mais pourquoi, toi, tu le sais? Vous étiez même pas proches. *C'est pas vrai, ça. C'est ce que tu te racontes. La relation que j'ai – que j'avais – avec ma mère, est plus compliquée que tu le penses. Et ce que ta grand-mère faisait, c'est pas de tes affaires, ça l'a jamais été. Tu peux pas exiger d'une personne qu'elle te dise tout. Personne te doit de partager ses secrets avec toi.*

Ma mère pleure et moi aussi, debout sur le tapis d'entrée. Je suis désolée, Maman, que je dis, à peine audible. Aucune d'entre nous n'ose bouger. Il me semble que je devrais lui faire un câlin, mais j'ai peur qu'elle n'en veuille pas. Je préférerais qu'elle me casse le nez plutôt que de la voir blessée comme ça. Son regard est vide et je mesure, pour la première fois, toute la fatigue qui l'accable. Je dépose le pot de sauce sur la table et j'ouvre la porte. Elle me dit : *Attends. C'est à toi.* Elle me tend le pot. Je le prends et je m'en vais.

Je braille en marchant jusqu'à l'arrêt d'autobus, je braille dans l'autobus, je braille en sortant de l'autobus et jusqu'à mon arrivée à la maison. Le pervers d'à côté me dit qu'une belle fille comme moi ne devrait pas brailler. Je l'envoie chier et je continue à brailler. Je renifle, je me racle la gorge, j'essuie mon nez avec mon chandail, j'ai de la morve figée dans les mèches de cheveux qui m'ont collé au visage, et du mascara jusque dans mon cou, mais je m'en câlisse. Je braille, et personne ne peut m'en empêcher.

Je suis la méchante dans cette histoire, et j'ai le droit de brailler quand même. Et je ne braille pas juste pour ma mère ni juste pour ma grand-mère ou mon bébé mort, je braille pour tout ce que j'ai fait et tout ce qu'on m'a fait, et tout ce que j'ai fait parce qu'on m'a fait des choses préalablement et ainsi de suite. Je pense à mon grand-père, à la vitesse avec laquelle je l'ai accusé d'infidélité et de manque de considération pour ma grand-mère, et, comment, du même souffle, je l'ai privée, elle, de son agentivité. J'ouvre l'armoire, je mets le pot de sauce à côté de la vingtaine de conserves de sauce à spaghetti que je n'ai jamais ouvertes. Est-ce que je suis capable de me rendre à cinquante ?

XXI

Je compte des pilules et je me demande si ma mère a des secrets, elle aussi. En fait, je sais qu'elle en a, des secrets. Je ne m'y suis jamais intéressée. J'ai déçu ma grand-mère, j'ai dit et fait des choses qui l'ont incitée à se protéger de moi, de mon jugement, de mon féminisme plein d'angles morts. Et maintenant, je déçois ma mère aussi. Ma mère me déçoit souvent, mais je n'ai jamais envisagé que, moi, j'étais injuste.

Je suis exténuée. Je suis tannée d'être seule, d'attendre que quelque chose se passe. Mon vibrateur m'énerve. Je le trouve triste et prévisible, il ne me fait pas de compliments. Je suis gênée de la façon dont j'ai parlé à ma mère. Je me sens comme une enfant prise en faute. J'ai trop honte de moi pour en parler à qui que ce soit. J'essaie d'imaginer tout le mal que j'ai pu causer à mes proches sans m'en rendre compte. Je pensais que j'étais gentille, mais c'est plus compliqué que ça.

Je vais chercher un peu d'attention sur une application de rencontre, je glisse mon doigt sur des dizaines de visages. J'écris à quelques-unes des personnes, une seule me répond, un gars. Il a mon âge, il habite proche, je lui demande ce qu'il fait, si je peux passer. *Rien, oui.*

Je mets l'imperméable que j'ai porté aux funérailles de ma grand-mère par-dessus mes sous-vêtements, j'étale une couche de rouge sur mes lèvres et je me mets en route.

Lorsqu'il m'ouvre la porte, je jette un coup d'œil dans son appartement, avant même de le regarder, lui. J'y vois une fenêtre ouverte, par laquelle je pourrais m'enfuir ; les murs sont minces et j'entends le son de la télévision du voisin d'en haut, qui m'entendrait certainement crier au secours.

Le gars me répète *Salut*. Je lui réponds la même chose. Il a les cheveux mouillés. Je suis contente qu'il ait pris une douche. Il m'invite à m'assoir sur le divan, il m'offre une bière, des Doritos. Il écoute *The Office*.

Il commente une scène, puis me fait remarquer que j'ai toujours mon imperméable. Je détache la ceinture et je l'ouvre, l'enlève. Je reste quelques secondes en sous-vêtements, sans qu'il le remarque. Il tourne les yeux vers moi pour attirer mon attention sur un acteur qui rigole en arrière-plan. Il fige un instant, s'approche de moi. *Est-ce que je peux ?* Je réponds : S'il te plait. Son haleine sent les Doritos, ses doigts laissent des traces orange sur ma brassière de soie, il me prend par la taille et tire mon bassin vers lui. Ma tête tombe sur l'appuie-bras. Il retire ma culotte et entreprend de me lécher avec enthousiasme. Il salive et je mouille. Tout est humide. Sa langue claque si fort que j'ai l'impression que ses voisins peuvent l'entendre. Sa patience et son habileté m'étonnent, et bientôt je parviens à oublier les voisins autour et je jouis. Je me retourne machinalement à quatre pattes pendant qu'il enfile un condom et je fais la chienne. Je suis trop épuisée pour quoi que ce soit d'autre. Je cambre le dos et laisse échapper des cris à un intervalle régulier, comme un métronome. Il vient. Je passe à la salle de bain, j'urine par principe, je me lave les mains, me place les cheveux. De retour dans le salon, je revêts mon imperméable. *Oh, déjà*. Il me demande mon numéro de téléphone, je refuse gentiment.

Je m'accroupis pour ramasser mes clés, tombées de mes poches, et je suis surprise par l'odeur de Doritos qui se dégage encore de ma chatte.

XXII

J'ai une infection urinaire terrible, évidemment. Je bois des vodkas jus de canneberge en fouillant dans les choses de ma grand-mère. Dans le bac étiqueté *L'intimité n'a pas d'âge*, je découvre une tonne de condoms, une vingtaine de dildos et de vibrateurs neufs et encore plus d'échantillons de lubrifiant. Je prends des bains antiseptiques et je réfléchis à ce que je vais faire de tout ce matériel.

Je me réveille un matin habitée par la mission de continuer l'œuvre de ma grand-mère et de distribuer son inventaire. Je mets le butin dans un sac à dos de voyage, je m'habille, je trouve l'adresse du CHSLD le plus proche, je m'y rends en chantonnant.

Je n'entends pas le pervers d'à côté qui me gueule une quelconque remarque sur mon apparence. Je flotte, j'avance sans effort, j'arrive au CHSLD si vite que j'en suis surprise. Je suis les indications jusqu'au salon des résidents, je place le sac à dos sur mon ventre, les sangles sur mes épaules, j'ouvre la fermeture éclair. Je proclame : Un dernier cadeau de la Chienne !

Une femme d'origine chinoise place ses mains en coupe, et j'y dépose un vibrateur compact. *Merci, ma belle !* Une voisine s'exclame : *Oh, moi aussi !* Une résidente appelle sa copine dans un cri murmuré : *Nabila, Nabila, viens ici !* Une dame distinguée, qui parle en roulant ses «r», m'annonce qu'elle va appeler son jouet Guy Nadon.

Une préposée aux bénéficiaires entre dans le salon. *Mademoiselle, qu'est-ce que vous faites ici? Est-ce que vous venez voir quelqu'un?* Je ne lui réponds pas. Je distribue les dildos comme si je disposais des cendres de ma grand-mère, solennelle et émue : Prenez et branlez-vous tous, vous ferez ça en mémoire de Thérèse.

Un monsieur renverse son épouse avec son fauteuil roulant, elle tombe assise sur lui, avec entre ses mains un vibrateur en forme de canard. Le couple roule en trombe en dehors du salon. La préposée panique. *Dennis, appelle la sécurité.* Quelqu'un crie : *Je suce mieux sans dentier!* Un couple d'hommes, assis tranquillement dans le fond de la pièce, parle à voix basse en s'échangeant des regards espiègles. Une personne âgée particulièrement ridée pleure de joie en plaçant un dildo sur son pubis, je lui jette une sangle qu'elle attache à sa taille avec une agilité surprenante et dans laquelle elle insère le dildo. Une dame se met à danser et chante, utilisant comme micro un pénis en verre, *Tous les garçons et les filles de mon âge.* Je lance dans les airs des centaines de condoms comme autant de feux d'artifice.

La sécurité arrive. *Vous, là-bas, mademoiselle, arrêtez!* Une femme noire d'à peine un mètre cinquante se place devant les agents, lève son poing et déclare : *Nous avons droit au cul, messieurs, pas juste aux couches.* Elle est rejointe par des camarades qui forment une barricade qui me sépare des agents. Un homme arrive derrière moi avec une civière, j'y monte et on me pousse droit vers le couloir. Je fonce à une vitesse folle. Les agents se lancent à ma poursuite. Sans que je comprenne quoi que ce soit, on me recouvre d'un drap et quelqu'un prend le relai pour conduire ma civière. Mon évasion dure plusieurs minutes.

Lorsqu'on découvre mon visage, je suis happée par le froid de l'endroit et par le cri de l'infirmière qui ne pensait vraisemblablement pas qu'on lui amenait une vivante. Je me lève d'un bond et fuis alors que je l'entends communiquer ma position aux agents de sécurité. Je me jette dans une cage d'escalier. À peine deux volées de marches plus tard, j'entends la voix d'un gardien, que j'aperçois appuyé sur la main courante, quelques étages plus haut. Au même moment, juste au-dessus de sa tête, cinq vieux tiennent des condoms remplis d'eau qu'ils font éclater. Je profite de la diversion pour gagner le premier étage. Lorsqu'elle me voit, une résidente complice sort de sa chambre un fauteuil roulant, un immense manteau pour homme et une casquette irlandaise. J'enfile le costume, je prends place dans le fauteuil et je garde le visage bien bas. Nous prenons l'ascenseur et atteignons le rez-de-chaussée sans que je sois reconnue. La résidente marche rapidement, dix mètres à peine nous séparent de la réception et quelques-uns de plus de l'entrée principale quand nous entendons *Stop! Arrêtez!* derrière nous. Un monsieur sort de nulle part et vide une bouteille de lubrifiant au sol. Une personne au dos courbé ouvre la porte d'un placard à balai, l'agent qui patine s'y retrouve enfermé.

Je me lève, cours vers l'entrée, mais deux policiers se profilent dans le vitrage de la porte. Je fuis dans la direction opposée. Des résidents forment un cercle qui se referme sur moi, une vieille dame me fait signe de me glisser sous sa jupe. J'obéis. Ça sent le talc. Le cercle se rompt et les ainé·es se dispersent en sifflotant. Un policier s'exclame : *Elle a disparu.* L'autre lui répond : *Je vais voir dans les escaliers.*

La dame qui m'abrite se déplace lentement, je suis ses petits pas sur de longs mètres, accroupie, mon sac à dos bien serré entre ma poitrine et mes genoux. L'agent de sécurité l'interpelle : *Avez-vous vu la fugitive ?* La dame l'ignore. Il répète, plus fort et en surarticulant : *Avez-vous vu la fugitive ?* La dame ne répond pas. Il pose à nouveau la même question, en criant, en gesticulant, en détachant lentement chaque son. La dame s'immobilise un instant, et moi avec elle. Je l'entends dire, doucement : *Je ne suis pas sourde, cette conversation ne m'intéresse pas.* L'agent s'éloigne. Dans plusieurs chambres du rez-de-chaussée se fait entendre un bruit, un bourdonnement qui, à mesure qu'il augmente, se transforme en beuglement. Le CHSLD tremble sous le plaisir de sa population. Un homme est mort en faisant l'amour, c'était un rêve qu'il n'espérait plus. Son amoureux serre sa main avec émotion.

Puis, soudainement, l'air est plus léger, mais plus froid aussi, et je suis aveuglée par la lumière du jour. Je lève la tête et j'aperçois la dame qui me sourit à pleines dents. Je me lève difficilement, elle m'aide, me tend la main. Je suis en sueur, j'ai le front, les aisselles et le dessous des seins trempés. La dame passe un mouchoir sur mon visage. Elle sort de sa poche un berlingot de lait que je bois d'un trait. Elle me tape une fesse et me dit : *Tu peux y aller.*

XXIII

De retour à la maison, je suis d'un calme et d'une joie sans nom. Je souris si fort que j'ai mal aux joues. Je prends le temps d'apprécier cette douleur, de porter attention à tous les muscles qui sont sollicités, à toutes les rides que cela crée sur mon visage. Je remarque un poids dans mon sac. Il reste, tout au fond, un dildo lilas, translucide et parsemé de paillettes, sur un harnais noir. Celui-là est pour moi.

Je mange des chips, nue avec mon harnais, en écoutant la radio locale. Je m'amuse à mettre des croustilles en équilibre sur mon pénis. J'adore les lignes ouvertes. J'espère toujours y reconnaitre la voix d'une cliente de la pharmacie ou d'une voisine. L'animatrice annonce que le vox pop sur la fermeture du restaurant Au vieux boulevard n'aura pas lieu, qu'un correspondant a préparé un bulletin spécial sur des évènements troublants survenus plus tôt au CHSLD.

Plus tôt aujourd'hui, au CHSLD de la Montagne, la visite d'une femme inconnue a viré le centre sens dessus dessous, causant, dans la foulée, la mort d'un homme de 93 ans.

La suspecte serait une femme de race blanche qui a entre 25 et 35 ans, mesurant entre un mètre soixante et un mètre soixante-dix et pesant entre cinquante-huit et soixante-cinq kilos.

Elle pourrait être accusée d'action indécente et d'incitation à poser des actions indécentes. En effet, la suspecte serait entrée dans le salon des résidents, entre dix heures et dix heures quinze ce matin, et aurait distribué du matériel érotique. Elle aurait ensuite incité les résidents à se masturber et à avoir des rapports sexuels. Sa présence aurait engendré un chaos sans précédent dans l'établissement. Plusieurs voisins et membres du personnel confient avoir été indisposés par le comportement indécent des résidents pendant et après le passage de la jeune femme.

La directrice de l'établissement, madame Johanne Savard, visiblement choquée, témoigne de l'ampleur des évènements : « Ça n'avait pas de sens. J'entendais des cris jusque dans mon bureau. » La fille d'un résident, quant à elle, condamne l'inaction de la direction : « Je suis arrivée dans la chambre de mon père et je l'ai trouvé les culottes baissées avec sa voisine. Voyons. Il a 89 ans. Mon fils est encore traumatisé. Il n'a pas dit un mot depuis l'incident. »

Outre les questions de respect des mœurs, les employés et leurs syndicats craignent une augmentation de la charge de travail. Préposée à la buanderie, Manon Rivard témoigne d'un nettoyage d'envergure : « J'ai jamais eu autant de job en 28 ans de carrière. »

Les préposés aux bénéficiaires estiment que les bains, donnés en moyenne une fois par semaine, prendront deux fois plus de temps et ne suffiront plus si la direction permet aux ainés d'entretenir des relations intimes. Une infirmière, témoignant sous le couvert de l'anonymat, critique quant à elle l'aveuglement volontaire de la direction relativement aux questions de santé sexuelle de sa clientèle. Elle fait notamment état d'une épidémie de syphilis qui séviraient dans l'établissement depuis les deux dernières années.

Nous avons rejoint la députée de la région, madame Murielle Moreau, qui a accepté de commenter la situation : « Les personnes âgées sont une population vulnérable, on ne peut pas se *permettre de les laisser se faire influencer par des extrémistes comme ça. Cette jeune femme est venue troubler le calme d'un établissement autrement sans problème. C'est déplorable.* ».

Les résidents, quant à eux ? Ils réclament le droit à l'intimité et prévoient des manifestations pour le moins osées jusqu'à l'obtention de conditions favorables au développement et au maintien de leurs activités sexuelles. Je laisse le dernier mot à madame Donabelle Kaze, une résidente de 82 ans : « *J'ai la minoune en feu pis j'ai le droit.* » Sur ces paroles, ma foi, surprenantes, je vous souhaite bonne soirée. C'était Hugo Baudoin pour CIRT.

Mon téléphone vibre, c'est Guylaine qui m'écrit : *T'es ma délinquante sexuelle préférée.*

XXIV

J'ai mis mon imperméable. J'ai décidé que c'en était fini, que ça suffisait, qu'il devait apprendre, que je ne tolérerais plus de me faire crier dessus, qu'il n'aurait plus de pouvoir sur moi. Il est assis devant sa maison verte comme des murs d'hôpitaux laissés à l'abandon. Je le vois en train de méditer, de se demander s'il va me crier un commentaire sur mon cul ou bien s'il saute directement à une insulte sur mon air bête. Il me crie finalement: *Viens t'assoir sur mononc', ma belle.*

Je lui souris. J'ai le sentiment d'être habitée par la confiance et la froideur d'un tueur en série. Je m'avance vers lui. *Tu vois, je te l'avais dit. T'es plus belle quand tu souris.* Je ne réponds rien, je m'assois sur lui. Il est heureux, il est hilare, fébrile, il n'y croit pas. Toutes ces années à attendre sur son perron ont fini par payer.

Je me demande combien de fois il a interpelé des femmes avant aujourd'hui. Combien l'ont ignoré, lui ont souri poliment, ont changé leur itinéraire pour éviter de le croiser, l'ont insulté à leur tour, ont eu peur, ont pleuré. Je me demande s'il a déjà eu peur d'une femme, s'il connait cette peur-là.

Je sens sa queue se durcir contre mes fesses. Je glousse, je rigole. Je lui arrache presque l'oreille avec mes dents quand je lui chuchote un: Suce-moi, mononc'. Il ferme les yeux un instant. J'ouvre mon imperméable avec de lents mouvements. *Enh?* Je répète: Suce-moi. Je dévoile mon immense sexe lilas. Le reflet du soleil sur les paillettes l'éblouit un moment. *Crisse de folle!* Il se lève, il recule, il se tait, il se terre. Il disparait dans sa maison.

Je prends une pelle qui traine sur le terrain, je la lève bien haut au-dessus de ma tête et je frappe le banc sur lequel il s'assoit tous les jours pour nous guetter. Les planches de pins fendent plus facilement que je l'avais imaginé. Je ne laisse derrière moi qu'un tas de bois et des clous rouillés.

Je m'essuie le front avec le revers de la manche, je referme mon imperméable, je mets mes verres fumés. Je retourne vers mon immeuble, avec l'impression que sa maison explose derrière moi. Je sens le vent sous ma jupe.

Parfois, il suffit d'une queue pour faire peur à une autre queue.

Et c'est triste. Je n'ai pas l'impression d'avoir gagné. Personne ne gagne. Je pense aux filles avec des pénis doux comme le satin, qui sont belles et drôles et qui marchent mieux que moi en talons, ou pas, ce n'est pas la question. Je pense à elles lorsqu'elles mangent leur toast le matin, et je pense à elles lorsqu'elles se demandent quoi porter aujourd'hui, et je pense à tous les coups qu'elles craignent, à tous les risques que ça comporte, être une femme et avoir un pénis.

XXV

Il est tard. Ça cogne à la porte. Je n'attends personne. Pendant un instant, j'ai peur que ce soit la police venue m'arrêter. Ça cogne à nouveau, plus fort, plus longtemps. *Police!* Je rampe jusqu'à la fenêtre du salon pour regarder ce qui se passe sur le balcon. J'y vois ma mère. Je soupire de soulagement, me lève et vais lui ouvrir.

Ma mère entre en souriant. Elle remarque mes vêtements sales. *Qu'est-ce que t'as fait?* J'ai rampé par terre parce que je pensais qu'on venait m'arrêter. *Tu devrais laver tes planchers.* Je sais. Nous restons immobiles, l'une en face de l'autre, pendant une minute. Je ne sais pas quoi dire. Ma mère vient rarement à la maison. En fait, elle ne passe que pour m'apporter des choses – des meubles, des papiers, des cannes de ketchup maison.

J'ai apporté du vin. Okay?

Nous allons nous assoir à la cuisine. Elle me semble étrangère ici. Je suis dubitative quant à la raison de sa visite. Je ne connais pas le protocole pour ce genre de soirée. Il me faut seulement quelques secondes avant que je me rappelle la dernière fois qu'on s'est vues, que je me rappelle que je devrais être gênée, et je me mets à paniquer. Ma mère balaie la cuisine du regard, ses yeux s'attardent sur la boîte à pain en étain que j'ai prise chez Thérèse. Elle sourit.

Je lui offre de l'eau, je cherche frénétiquement l'ouvre-bouteille, je sors deux coupes, j'en casse une, je passe le balai, je sors une autre coupe, j'ouvre la bouteille et je nous sers. *J'ai entendu parler de ta visite au CHSLD.* Comment tu sais que c'est moi ? Elle sourit : *Ça sent la Chienne à plein nez.* Je souris un peu, moi aussi. *Ça m'a vraiment touchée, ce que tu as fait. C'est un bel hommage. Il n'y avait que toi pour le faire. Elle serait fière de toi.* Elle me regarde droit dans les yeux, mais je baisse la tête. Je ne suis pas capable de prendre autant d'amour d'un coup. Je suis mal à l'aise, mes joues rougissent, j'ai la gorge qui se serre. Je voudrais lui dire que ce n'est pas si important, que c'était la moindre des choses, que j'ai été égoïste, méprisante et que c'était mon devoir. *Moi aussi, je suis fière de toi.* J'ai les larmes qui me montent aux yeux, je voudrais pleurer dans ses bras, mais je ne suis pas capable. Je lui demande : Tu vas me trouver un avocat, si j'en ai besoin ? *Ça va être correct.*

Ma mère voit mes limites. Elle nous sert encore du vin. Je lui demande de me raconter un secret. Elle me dit : *Ah, je sais pas.* J'insiste : S'il te plait, maman. Ça me ferait vraiment du bien. Elle me regarde avec un sourire en coin. *J'ai déjà commencé une bataille générale dans un bar.* Je n'y crois pas. *Ça s'est passé quand t'étais bébé.* C'est mieux que tout ce que je pouvais imaginer. Je lui demande de répéter. *Tu pensais pas ça de moi, hein ?* Elle prend une gorgée de vin. Elle se détend un peu. *Je sortais pour la première fois après ta naissance, j'avais envie de fêter avec mes amies. On jouait au pool. Un gars me lâchait pas, il voulait me montrer comment tenir ma baguette, je lui ai dit non, il a rien voulu comprendre, il m'a prise par la taille, je lui ai sacré un coup de coude et je lui ai cassé le nez. Le barman s'en est mêlé, il a voulu me sortir, ma chum Stevie était ben insultée et lui a pété une baguette sur la tête. Les amis du gars ont essayé de me trainer jusqu'à la porte, mais la table de filles à côté de nous leur a pitché leurs verres dessus. Ma cousine Sylvie s'est mise à lancer des boules de billard, elle a brisé le miroir derrière le bar. On est parties en courant. On n'a pas arrêté avant de trouver un autre bar. On est rentrées, on a commandé un pichet pis on a recommencé une partie de pool. J'avais du sang sur mon teeshirt, on était échevelées, mais on a ri sans bon sens. À la fin de la soirée, la bière avait tellement stimulé ma production de lait que mes boules tenaient plus dans ma brassière. Quand je suis arrivée à la maison et que je l'ai enlevée, devant le lavabo de la salle de bain, y'a eu du lait jusque dans le miroir. Mes seins étaient tellement tendus que ça a fait une vergeture. C'est ma seule cicatrice de brosse.*

Je ne peux pas croire qu'elle ne m'avait jamais raconté ça. Je suis émerveillée. Je me répète les détails en boucle pour les graver dans ma mémoire. J'observe le visage de ma mère, son air de fierté, son regard espiègle, le sourire entendu qui flotte sur ses lèvres. Je veux me rappeler son visage tel qu'il est en ce moment pour toute ma vie. Je la remercie et, dans le même souffle, je la chicane de ne pas m'avoir confessé ce moment victorieux plus tôt. Elle me regarde d'un air grave, elle me dit : *J'ai été trop pudique avec toi.* Je lui dis que c'est correct, que je comprends, que ça en a valu l'attente. Je lui fais promettre de me montrer la photo prise de leur groupe ce soir-là.

Je veux l'agrandir, l'encadrer, la mettre dans mon salon, l'exposer à côté de la facture de la silhouette d'Obama, la montrer à tout le monde, partager cette légende avec toustes mes ami·es.

La bouteille de vin est terminée. Carole me dit : *C'est à ton tour.* Je lui dis que je suis prête, mais pas avant que j'ouvre une autre bouteille. Elle accepte, je m'exécute. Je lui raconte pour le pervers. Elle ne me croit pas, elle non plus. Elle veut voir mon pénis. Je file dans ma chambre, je l'installe par-dessus mes vêtements et reviens dans la cuisine en sautant, bassin devant, et en faisant tourner ma queue comme l'hélice d'un hélicoptère. Elle est morte de rire. Je lui raconte la scène en la jouant devant elle. Nous finissons la bouteille, et peut-être une autre encore.

Je me réveille le lendemain matin, la bouche pâteuse, mais avec l'impression d'être encore en train de rire, le bras de ma mère autour de moi.

XXVI

Toutes les nuits pendant des semaines, je rêve que je marche vers un bar où j'ai rendez-vous. Je m'assois à la table et c'est le visage d'Aleks que je reconnais à la lueur des bougies ou bien, ce n'est pas ellui au départ, pas tout à fait, puis, entre deux verres, je lève les yeux et la personne devant moi prend ses traits.

J'évite Aleks depuis, évidemment. Je suis une pauvre conne. Je crains qu'un regard suffise pour qu'iel comprenne. J'ai rangé à contrecœur le pingouin à air pulsé comme je ne suis plus capable de me masturber sans penser à mon ami·e. J'en suis à quatre jours sans me branler. Ma vulve me donne constamment l'impression d'être enflée. Ce matin, j'ai mouillé ma culotte en attachant mes jeans, ceux qui sont devenus plus serrés ces dernières semaines et dont la couture frotte sur mon clitoris. J'ai l'impression d'entendre mon jouet crier du tiroir de ma table de chevet lorsque je m'endors. *NOOT NOOT, SLUT, NOOT NOOT.*

Mais Aleks arrive quand même chez moi à 13 heures un lundi. Iel cogne alors que je suis sur le point de finir de laver mon dernier chaudron et entre sans attendre de réponse. Il fait un grand soleil d'automne, et iel porte un teeshirt blanc en coton épais et des jeans taille haute à jambe large. Je me sens nue, en camisole et en short de basketball. Je sens mes mamelons se durcir et je me maudis et je maudis ce vêtement.

Iel a sous le bras un petit aquarium rectangulaire garni d'un château, d'un iglou, d'algues et de roches colorées. *C'est un ancistrus. Un suceur.* Aleks dépose l'aquarium sur la table, s'assoit et sort deux canettes de bière de son sac en toile. *As-tu soif?* Je prends une canette sans lae regarder. *As-tu froid?* Je me retourne vers ellui en lae fusillant du regard. Iel étend paresseusement ses jambes en me jetant un coup d'œil narquois. Je suis sur le point de perdre le contrôle et nous le savons toustes les deux.

Iel me parle de Guylaine pendant quelques minutes, de leur fin de semaine de camping et de ce qu'iels ont cuisiné sur le feu. Puis iel m'explique l'alimentation de mon tout nouveau suceur, l'aquarium à nettoyer tous les mois, les petites cornes qui identifient le poisson comme mâle. Je hoche la tête et bois ma bière en silence, je me concentre sur ma respiration.

J'entends Aleks soupirer, se lever et glisser les clés dans ses poches. Un boulet me tombe dans l'estomac à l'idée qu'iel quitte si tôt, et je m'affaire à rincer les canettes pour cacher ma déception.

Quand je me retourne, iel n'est pas à la porte. Nous sommes presque nez à nez. J'ai le souffle court et la gorge qui se serre et je sens mon sang affluer comme des rapides vers ma vulve. Aleks pose son index sous mon menton et soulève mon visage vers le sien. Ma tête me pèse. Je sais que je dois lever mes yeux, que je dois être courageuse. Je sens l'odeur fraîche du détergent d'Aleks et peut-être une fragrance de feu de camp, aussi.

Pendant de longues secondes, mon regard reste accroché à ses lèvres. Je déglutis bruyamment. Ma peau irradie. Iel avance vers moi, presque imperceptiblement. Je lève les yeux et iel me sourit. *Jeanne, je t'ai dit que j'étais là si tu en avais besoin.* Je sais. Son regard tombe sur mes lèvres. *T'es sûre?* Je hoche lentement de la tête. J'ai besoin de toi.

Aleks sourit à pleines dents. *Je sais.* Iel glisse un genou entre mes cuisses et passe ses bras autour de moi. Je ferme les yeux et j'attends un baiser qui ne vient pas. Je l'entends ouvrir les vannes du robinet derrière mon dos. J'ouvre les yeux. J'entends le bruit de la pompe à savon, je sens le mouvement de ses mains qui glissent l'une contre l'autre. Ses gestes sont lents, méticuleux. L'eau qui tombe dans le robinet sonne comme une cascade. Je ne peux plus détourner mes yeux de son visage. Je suis obsédée par le sourire qui flotte sur ses lèvres, par les plis aux coins de ses yeux. Je suis une catastrophe naturelle, mes facultés s'écroulent, j'abandonne. Je m'en remets à Aleks, qui appuie sur ma chatte avec sa cuisse, qui lave ses mains derrière mon dos, qui sait déjà ce qu'iel fera de moi.

Le son de l'eau s'interrompt. Aleks se penche et ouvre un tiroir duquel iel sort un linge propre sur lequel essuyer ses mains. *Enlève tes shorts.* Sa voix m'atteint comme une décharge. Mes genoux fléchissent, mais je m'exécute. Iel glisse deux de ses doigts dans ma bouche, puis dans la sienne et enfin dans mon vagin, sans me quitter des yeux. Je rougis et je mouille et je soutiens son regard. Je contracte mes muscles autour de ses doigts, et iel me masse délicieusement, penche la tête et effleure mes mamelons avec les dents par-dessus ma camisole. Je n'entends que le souffle rapide de nos respirations conjuguées et les bruits moites de nos corps. Mes hanches se révoltent en mouvements désespérés, tantôt rapides, tantôt si violents que je pourrais engloutir son bras et mourir de plaisir. Iel murmure *bonne fille* à mon oreille. Je me sens fondre, me relâcher complètement dans sa main comme si je reposais entièrement dans sa paume.

Pour la première fois, Aleks m'embrasse. Lentement, profondément alors que sa main s'agite entre mes cuisses. Je ne pourrai plus jamais reprendre mon souffle, c'en est fini pour moi. Je ne peux plus bouger quand je jouis. J'échappe un cri à mi-chemin entre le sanglot et le rire. Je prends le visage d'Aleks, et cette fois c'est moi qui l'embrasse. Au ralenti. Je sens les rayons du soleil autour de nous, le silence de mon appartement.

Je pose mes mains sur sa poitrine et, entre deux baisers : S'il te plait, Aleks. Je lae pousse vers ma chambre. Iel se laisse guider à reculons, détache sa ceinture, le bouton de ses jeans qu'iel abandonne au milieu du salon. Ce qui lui reste de vêtements tombe, et iel s'assoit sur le bord de mon lit. Je m'agenouille entre ses jambes que je parcours avec mes ongles. Iel frissonne.

J'embrasse l'intérieur de ses cuisses, je trace des arabesques avec ma langue, je me rapproche lentement de son sexe gorgé de sang. *Jeanne.* Je sens Aleks trembler sous ma bouche. Iel glisse sa main dans mes cheveux, les empoigne et les tire pour que je tourne mon visage vers le sien. J'approche mes lèvres de son sexe sans détourner le regard, je les laisse flotter un instant sans rien faire sauf sourire. Je sens la main d'Aleks se resserrer dans mes cheveux qu'iel empoigne pour m'enfoncer fermement mais tendrement la tête entre ses cuisses. Je me perds, je dévore, je crache, je branle, je serre. Je me sens dégouliner. Aleks pousse son sexe contre mon visage en répétant mon nom. Je gémis, je pleure. Iel jouit et je lae lèche jusqu'à ce qu'iel ne bouge plus. Puis, iel me tend la main et me tire vers le lit où nous restons très longtemps.

XXVI

Guylaine entre à la pharmacie complètement radieuse, elle est digne et lumineuse. Elle porte une courte jupe noire et un haut rose qui épouse la forme de ses bourrelets, son uniforme est plié sur son bras. Elle est venue démissionner, et c'est comme Bridget Jones qu'elle le fera. Elle dit au propriétaire qu'elle en a assez, qu'elle est une caissière de profession, qu'il ne sait pas ce que ça implique de défis, de sensibilité, d'intelligence émotionnelle, de mémoire. Elle n'a pas terminé deux phrases qu'une foule se réunit autour d'eux. Je l'entends du fond de la pharmacie et je me rapproche. Le propriétaire ouvre la bouche, je le coupe dans son élan, il faut la laisser finir.

Guylaine met au clair : elle connait tous les clients, tous leurs problèmes, elle réussit à apaiser les malaises et les frustrations comme personne, à créer de la complicité, des habitudes. Elle a vu des personnes incompétentes, mais blanches, se faire offrir les postes de gestion. Guylaine n'a jamais bronché. Elle est restée pour ses clients, pour ceux qui dans une journée n'avaient de conversation qu'avec elle, pour celles qui volaient de la formule pour bébés, mais venaient la payer la semaine suivante, pour celles et ceux que personne ne comprenait sauf elle.

Le propriétaire l'insulte bêtement, sans créativité, sans conviction, sans prendre la peine d'entendre la critique, juste pour la faire taire : *Bitch, conne, niaiseuse, t'as pas la classe pour représenter le magasin.*

Guylaine réplique que même si ce n'est qu'en termes de profit qu'il réfléchit, il va bientôt comprendre l'ampleur de sa bêtise. Les habitués l'applaudissent et la suivent lorsqu'elle sort en faisant jouer *Respect* sur son téléphone. Inspirée, je remets à mon tour mon sarrau au propriétaire en me félicitant de l'odeur âcre de sueur qui s'en dégage.

Je n'ai pas encore franchi la porte que des dizaines de clients font la file au comptoir des prescriptions en demandant un transfert de dossier chez la concurrence tandis que des ados débarquent en masse voler de la gomme à mâcher et du chocolat, et que monsieur Abramovitz s'enferme dans la salle de bain de la succursale pour s'employer à une diarrhée épique.

La gérante démissionne, elle aussi, laissant le neveu inutile du propriétaire comme successeur.

Guylaine est fière et émue. En même temps, elle sait que la pharmacie va survivre, qu'une autre caissière devra subir les conditions de travail exécrables et les humeurs du patron, que des milliers de caissières se font chier partout dans le monde sans qu'on leur reconnaisse la valeur de leur compétence.

Il faut savoir que Guylaine a ramassé de l'argent toute sa vie pour les études de sa fille. Elle vit dans un appartement trop petit, elle a pris l'habitude de retirer dix articles du panier à chacune de ses épiceries, elle s'achète peu de vêtements et en prend le plus grand soin, elle ne s'offre jamais plus qu'un verre quand elle sort, et commande toujours une entrée comme repas au restaurant, elle cuisine ses lunchs elle-même et n'a jamais eu de voiture. Quelques fois, elle est restée dans des relations amoureuses plus qu'ordinaires parce que ça diminuait le prix du loyer.

Mais sa fille est adulte, maintenant. Elle est coiffeuse et extraordinairement douée. C'est la seule qui sache tresser et faire des faux locks dans le coin. Elle a changé la vie de plusieurs client·es. Le matériel que Guylaine lui a acheté pour ouvrir son salon était cher, et les formations en ville aussi, mais tout ça n'a pris qu'une infime partie de ses économies.

Guylaine décide d'ouvrir un bar.

XXVII

Je suis assise avec Guylaine et Sylvain-Table dans le pickup de ce dernier. Nous attendons des nouvelles d'Aleks. Plus tard ce soir, nous devons aller récupérer les clés du local que Guylaine a choisi de louer. Le propriétaire de la place fait une faveur à Guylaine, à qui il a promis l'espace malgré les offres compétitives d'une chaine de cafés. Elle nous a concocté un festin pour inaugurer l'endroit.

Aleks écrit à Guylaine. Iel ne peut pas venir, il y a un train à bloquer, il fera très froid, il faudra être nombreux. Guylaine, Sylvain-Table et moi nous regardons. Je vérifie combien de temps nous prendrait l'aller-retour. *Nous t'y conduirons.*

Le trajet dure une heure. Nous avons déterminé que nous pouvons rester un peu et quand même arriver à temps pour prendre possession du local. Quand nous arrivons au barrage, Guylaine réchauffe sur un feu les larges lèchefrites en aluminium qu'elle a remplies de délices. Sylvain-Table sort des couvertures qu'il partage avec des ainé·es. Aleks est content·e. Iel est animé·e par l'énergie ambiante, parle plus que je ne l'ai jamais vu·e parler. Iel bouge différemment, aussi. Je m'approche timidement, Aleks me sourit et me tire vers ellui. On s'enlace quelques secondes de trop.

J'offre de surveiller les enfants pendant que les adultes se réunissent. Je joue au soccer avec eux. Ils rient gentiment de ma maladresse, et je m'applique à tomber de façon toujours plus spectaculaire. La police se rapproche et observe de loin. La tension augmente. Je tombe toujours de plus haut, mais les enfants rient de moins en moins.

Nous devons partir d'une minute à l'autre si nous voulons arriver à l'heure pour le rendez-vous de Guylaine. Nous demandons à Aleks ce que nous pouvons faire, iel nous dit d'y aller. Sylvain-Table décide de rester. Il nous offre, à Guylaine et à moi, de prendre son pickup et d'aller récupérer les clés sans lui. Guylaine hésite, puis concède : nous ne pouvons pas quitter.

Quelqu'un mentionne qu'il faudrait emmener les enfants à la maison de Ietsi'tsatenníharons, et je me porte volontaire. Je prends le plus jeune enfant dans mes bras et les autres ouvrent le chemin. Ils sont excités de me faire découvrir les cabanes qu'ils ont bâti dans le petit bois derrière pendant la fin de semaine.

Nous sommes quelques personnes à nous tenir près du feu. Guylaine échange des recettes, elle s'engage déjà à revenir plus tard cette semaine et à apporter encore plus de nourriture.

Il faut du bois pour alimenter les flammes et je pars en chercher avec Chelsea, une adolescente qui s'implique pour la protection de son territoire depuis qu'elle est toute petite. Elle m'apprend combien d'espèces d'oiseaux et de grenouilles y vivent, elle me décrit les tensions avec les voisins, les insultes qu'on lui crie, elle me parle de la musique qu'elle écoute et de la langue maternelle qu'elle tente d'apprendre.

Nous avons des buches dans les bras quand deux hommes nous surprennent. Ils disent des choses terribles et ignorantes. À Chelsea, pas à moi. Ils nous bousculent et nous échappons les buches. Je tire Chelsea par le bras, je lui dis : partons. Nous nous retournons, mais ils s'empressent de nous bloquer le passage. Ils me demandent ce que je fais là, ce que je fais *avec une Native à marde*. Chelsea leur répond calmement de nous laisser partir, elle précise qu'elle est mineure. *Nobody cares.* J'ai peur. L'un d'eux ouvre sa fermeture éclair et pisse sur les bottes de Chelsea.

J'ai la tête qui tourne à vide. Je cherche des solutions, mais je ne sais pas s'il est plus prudent de se soumettre ou de fuir. Une camionnette blanche surgit de nulle part, freine violemment et glisse sur quelques mètres avant de s'arrêter devant nous. Les portes arrière s'ouvrent d'un coup et une nuée de femmes sortent de l'ombre, sans bruit. Elles portent des tenues blanches qui se fondent dans l'hiver et avancent les paumes ouvertes, elles forment un cercle qui se referme sur nous et isolent nos assaillants. Deux d'entre elles nous tirent dans le véhicule. On nous offre du thé et des couvertures. Il ne se passe pas deux minutes avant que nous soyons rejointes par nos justicières. Elles nous demandent si ça va. Elles nous rassurent. L'une d'elles a pris les bottes de Chelsea et les nettoie. Elles nous ramènent chez Ietsi'tsatenníharons.

Nous leur demandons comment nous pouvons les remercier, et elles nous répondent de consulter le babillard en ligne du club de judo près de chez nous, nous nous y engageons. L'une d'elles change la plaque d'immatriculation pendant qu'une autre fait le plein avec un bidon d'essence. Nous descendons de la van et la regardons disparaitre dans la nuit.

Nous rejoignons nos camarades qui se sont réunis dans le garage du centre communautaire. Sylvain-Table est là. Chelsea, sous le choc et épuisée, demande à un oncle de la reconduire chez elle. Quelqu'un nous informe qu'Aleks a été arrêté·e. Sylvain-Table soupire et quitte les lieux. Je me colle sur le divan, en cuillère avec Guylaine. Trois longues heures plus tard, Sylvain-Table revient avec Aleks, et nous les rejoignons dans le pickup. Le retour à la maison est silencieux.

Aleks ne veut pas dormir seul·e, mais iel ne veut pas parler non plus. Nous l'emmenons chez moi. Guylaine me demande si elle peut réchauffer de la sauce à spaghetti, j'accepte. Elle est bonne, la sauce de ma mère, c'est niaiseux de la bouder. Aleks va prendre un bain chaud. Sylvain-Table est au téléphone dans le salon. Je mets les couvertures de mon lit dans la sécheuse. Quand Aleks sort de la salle de bain, en flottant dans un ensemble de jogging que Justin a laissé ici, iel a toujours l'air grave. Sylvain-Table lui dit: *Ton père est correct. Ta tante aussi.* Aleks hoche la tête. Nous mangeons avec appétit. Aleks demande: *Qu'est-ce qui se passe avec le local?* Guylaine répond: *C'est la chaine qui l'a eu.* Aleks s'excuse. *On va en trouver un autre. Il était petit, un peu, pour ce que j'ai envie d'y faire.*

Je sors les couvertures de la sécheuse, je fais le lit, Aleks se couche et s'endort alors que je lui dessine des arbres dans le dos.

XXVIII

J'ai vu des affiches, un peu partout dans la ville, où le sex-shop local annonce la journée des ainé·es, 15 % de rabais pour les 65 ans et plus tous les dimanches. Ça me fait sourire. Un arrêt d'autobus a été ajouté devant la boutique, et le patron a dû embaucher plus de personnel. Quelqu'un lui a donné mon numéro, il m'a offert un poste. J'ai dit merci, mais non merci. J'ai un peu d'argent encore et je devrais recevoir un héritage de Thérèse au courant du mois. Je préfère passer les prochaines semaines à aider Guylaine et Aleks.

Je ne suis plus recherchée par la police locale. Les résident·es ont menacé de faire la grève de la faim, ont fait des collectes de fonds pour financer des formations pour les employé·es, pour engager des préposé·es à l'accompagnement à la sexualité et pour que se donnent des ateliers de santé sexuelle. Leur bas de laine est déjà bien rempli, grâce à des spectacles de drags, à la vente de pantoufles et de cache-sexes en laine, et à la tenue de soirées dansantes. Ce n'est pas fini : on prévoit un lave-auto cet été, et un document est en voie d'être monté avec des travailleur·euses du sexe pour aider la direction de l'établissement à cibler les besoins de sa clientèle et à offrir des conditions de travail décentes aux personnes accompagnantes. Le document sera probablement brulé, mais iels essaient.

XXIX

Justin m'a appelée. Il a entendu dire que je passais à un autre numéro, que je semais la pagaille, que je faisais quelque chose de mon temps, que je ne pleurais plus. Il s'est excusé *pour tout*. S'excuser pour tout, c'est s'excuser pour rien. Il m'a dit qu'il avait fait une erreur, qu'il comprenait mieux maintenant, qu'il n'avait pas réagi comme il aurait dû. Il m'a demandé d'aller boire un verre avec lui, de nous donner une deuxième chance. Il m'a dit que tout n'était pas perdu.

J'ai pensé, pendant quelques secondes, que ça ne me coutait rien d'essayer. Mais je sais, je me souviens, comme il est facile, tentant, de tomber dans ses bras, de justifier sa lâcheté, de ne plus réfléchir, d'oublier que j'ai des devoirs envers moi-même. Je lui ai demandé de me laisser tranquille, je lui ai dit que le savon trois-en-un c'était un mensonge, je lui ai souhaité bonne chance et j'ai raccroché.

Quand j'ai raconté ça à ma mère, elle a soupiré. Elle m'a dit qu'il ne voudrait bientôt plus de moi si je continuais à le repousser, que je gâchais ma vie, que j'avais trente ans, qu'elle n'était plus toute jeune et qu'elle pourrait difficilement m'aider si je tardais à avoir des enfants, que si j'avais voulu, j'aurais une maison et un enfant avec Justin. Je lui rappelle la vérité: Je l'ai perdu, maman, le bébé. Je le voulais, mon bébé. Elle me dit que c'est la vie, que ça arrive, que ça aurait fonctionné si j'avais essayé encore une fois, que j'ai manqué ma chance en laissant partir Justin, que personne n'est parfait, qu'il était bien correct, et que, ma job aussi, elle était correcte.

Je l'ai regardée dans les yeux, j'y ai découvert une colère et une impuissance, de la déception, un sentiment de rejet dont je soupçonnais l'existence, mais que je n'avais jamais vus. J'y ai aperçu tous les rêves qu'elle a pour moi et comme ils sont éloignés des miens. Ce sont ses fictions à elle. Je n'existe pas vraiment, dans ces histoires qu'elle s'invente. Si j'y étais, je serais malheureuse ou bien je serais morte.

Je me rappelle notre soirée passée à boire du vin, j'essaie de me raccrocher à ces moments où nous ne voulons pas nous corriger mutuellement. Je ne sais pas comment nous réconcilier tout à fait. Je sais qu'elle sait que j'aurais préféré que Thérèse soit ma mère, et je sais que j'ai idéalisé ma relation avec ma grand-mère autant que je nourris des préjugés sur ma mère. Je ne sais pas ce qu'il faut faire quand on ne peut ni se voir ni se parler sans se blesser et je n'ai pas la force de ne parler de rien, de rester toujours sur mes gardes, de choisir des mots inoffensifs et plaisants, de sourire en balayant du revers de la main les remarques sur la façon dont je mène ma vie.

Pour l'instant, je ne peux que partir, fermer la porte, refuser d'en entendre plus. Après avoir dit merci pour un autre pot de sauce à spaghetti.

XXX

Thérèse est assise dans son bureau. Elle boit un verre de vin blanc en culotte et en teeshirt. Ses cheveux sont savamment ébouriffés. Elle ne porte qu'un rouge à lèvres rose vif comme maquillage. Elle fixe la caméra, répond aux questions que lui posent ses spectateurs dans le clavardage. Elle parle de ses enfants, de mon grand-père, d'à quel point il lui manque, des matins où elle se réveille en imaginant qu'il est encore là. Elle se lève, remercie Harley47 et retire son chandail. Elle se dirige vers la porte et tourne la roulette du thermostat. J'ai trouvé cette vidéo dans un dossier qui porte le titre *Camcoach*. De ce que je comprends, elle collectionnait ses archives pour documenter son travail et le partager avec des aspirantes camgirls.

Thérèse fait du yoga nue.

Thérèse pleure. Elle regarde ses genoux. Elle dit qu'on ne lui a jamais autant manqué de respect. Elle nomme quelques-uns de ses fans et les remercie de leur soutien. Elle les rassure, ça ira, ça arrive, ça fait partie du métier, c'est correct.

Thérèse fait du ménage nue.

Ma grand-mère est assise sur le divan dans son salon qu'habite désormais une autre famille. Elle porte ses lunettes. Elle lit un magazine et elle se bidonne. Elle porte un gros foulard de laine bleu poudre, des chaussettes et des cache-mamelons assortis. Elle lit à voix haute, mais rit tant qu'elle doit s'interrompre après quelques mots seulement. Son rire est contagieux. Elle est magnifique. Le soleil éclaire son visage. Ce devait être tôt le matin. Sa tasse de thé repose sur la table basse, avec un baguel au fromage à la crème. Elle essaie de reprendre son souffle. Elle abandonne l'idée de citer la revue et entreprend de résumer l'article. Elle explique que c'est un topo sur le moment où les hominiens sont devenus bipèdes. Elle rit à nouveau. Elle boit une gorgée de thé. Quand les hominiens sont passés de la position horizontale à la position verticale, le clitoris, qui était jusque-là situé tout juste à l'entrée du vagin, a migré d'un pouce. Thérèse est hilare. Elle se tape les cuisses. Un mamelon sort de son chapeau de laine. Elle réussit à articuler quelque chose comme *Ç'a juste pris un pouce pour que les hommes perdent le clitoris.*

Thérèse tricote, presque nue.

Ma grand-mère pleure de rire, encore. Elle raconte la fois où elle et mon grand-père étaient complètement sur le party, et où elle lui a craché du pepsi dans l'anus pour qu'il ressente l'effet des petites bulles.

Thérèse fait de la soupe, nue.

Thérèse se masturbe, elle est concentrée, elle fixe intensément la caméra, puis sa main. Des jets clairs jaillissent lorsqu'elle soupire. Le liquide coule sur sa cuisse. Elle y passe son doigt et le porte à sa bouche. Elle s'assoit, droite sur sa chaise, et consulte l'heure. *Quatre minutes vingt-trois! C'est un record, je pense. On fête ça comment, les gars?*

Thérèse fait des choses, nue. Elle parle d'elle, de ce qu'elle aime, de ce qu'elle fait. Elle s'offre du plaisir. Elle partage des confidences, des conseils, des recettes. Elle donne des spectacles en privé. Elle est drôle, intelligente, vulnérable. Elle a de la répartie. Elle danse, elle anime, elle invite aux confidences, elle console, elle raisonne, elle éduque. Les dimanches, elle prodigue des compliments.

XXXI

C'est le printemps, presque un an depuis la mort de la Chienne. La neige fond et révèle des étrons de chien gigantesques, les arbres verdissent, et nous attendons que les magnolias fleurissent.

Nous avons trouvé un grand local, nous avons fait sauter les bouchons de champagne et de mout de pomme. Nous avons mangé à même le sol. Nous avons invité Marleen, Irène, Rose et Constanza du CHSLD, ainsi que Yasmine, notre contact à la mosquée, et Chelsea, Abey et Suzan, que nous avions rencontrées au blocage du train. Nous avons invité Mireille, qui quête devant le Tigre Géant, et toutes les filles du salon de massage : Zaphira, Roxanne, Marylène, Madioula, Aube, Tia, Nelly.

Nous avons rêvé un espace pour nous. Roxanne a proposé une salle d'entrainement, des déjeuners 24 heures ; Yasmine, un lieu de prière, des plantes et un menu équilibré ; Abey, des prix abordables ; Constanza, un plancher de danse et Rose, une rampe d'accès. Sayaka voulait du gâteau ; Carolanne, un vestiaire pour se changer et se maquiller ; Marleen, une halte-garderie et Chelsea, de la vaisselle réutilisable. Aube suggère d'engager un·e *doorperson*.

Aleks se demande si on peut installer des lits, et Guylaine tient à avoir une immense cuisine. Nous souhaitons que les adolescent·es soient les bienvenues et les allophones aussi. Nous voulons des interprètes, des travailleur·euses sociaux·ales, des cours de langue et des thérapies de groupe. Nous espérons un endroit où l'on puisse donner des ateliers de gestion des finances, de broderie, de drag, de danse, d'éjaculation féminine et de jardinage urbain.

Notre espace ressemblait de moins en moins à un bar. Nous avons fait des plans, appelé une cousine architecte et une amie qui travaille au Réseau québécois des organismes sans but lucratif. Peut-être que la seule façon de faire tout ce qu'on veut faire, c'est d'être une salle de spectacle communautaire ? Qu'est-ce qu'on peut accomplir avec le peu d'argent qu'on a ? Il faudrait toutes sortes de permis, des subventions, des approbations, des quotas. J'y investirai l'héritage de Thérèse.

Nous dessinons et redessinons des plans. Nous ne voulons faire aucun compromis. Nous ajoutons des mezzanines et des annexes. Nous imaginons notre propre village, notre propre service de raccompagnement, notre propre système judiciaire. Nous brulons les règlements municipaux et les normes de construction et les formulaires et les actes auxquels il faudrait nous soumettre. Nous trinquons à la santé de Guylaine et à l'entrée au cégep de Chelsea. Aube nous parle de son chum, des coups qu'il lui donne et de l'argent qu'il lui vole. Nous l'encourageons à le crisser là, à venir habiter chez chacune d'entre nous. Nous nous cotisons pour lui acheter en ligne un dildo à deux-cents dollars. Constanza s'est endormie, nous la couvrons d'un châle. Rose voudrait bien essayer des champignons magiques, et Yasmine l'assure que c'est possible. Je prends des notes, mais elles sont de moins en moins claires. J'écris sans arrêt les mêmes mots : *Slut witch bitch.*

XXXII

Nous avons imploré Aube de quitter son crisse de déchet, nous lui avons organisé une fête, nous avons été ses cheerleaders, mais nous ne l'avons pas protégée. Elle est morte le lendemain de la réunion. Elle a été assassinée par son chum, dans sa chambre, avec le bâton de baseball qu'elle gardait près de son lit pour se protéger des voleurs. Nous aurions dû débarquer chez elle, emballer toutes ses affaires, nous aurions dû lui offrir un makeover, un nouveau cellulaire, un nouveau nom. Nous aurions dû l'envoyer vivre dans le chalet d'une tante quelques mois et partager les frais entre nous. Nous avons été irresponsables, nous n'avons pas pensé qu'il fallait plus que du champagne, des confettis et un dildo ; il fallait un plan.

Évidemment, il aurait simplement fallu qu'il ne la tue pas, qu'il ne soit pas un meurtrier, mais nous ne pouvons pas nous permettre de tenir la décence pour acquise.

Dans notre extase, nous avions aussi encouragé Nelly à porter des robes, à se maquiller, à montrer à tout le monde qu'elle était une femme, qu'elle était belle, qu'elle existait. Nous l'avions coiffée, nous l'avions maquillée, nous avions pris de magnifiques photos d'elle, nous nous étions extasiées sur la longueur de ses jambes et sur la noirceur de ses cils, mais nous ne l'avions pas reconduite jusque chez elle.

Nous l'avons laissée seule à marcher dans les rues.

Elle s'en est sortie de justesse, elle a couru, elle a cassé le talon d'une de ses chaussures, a troué ses bas, elle en a eu le souffle coupé. Elle est arrivée chez elle en sueur et tremblante, son mascara avait bavé, de la morve dégoutait abondamment de son nez, elle a pleuré fort et longtemps. Ses voisins ont cogné sur les murs mitoyens pour la faire taire. Elle ne veut plus sortir le soir. Elle fait des crises de panique.

Elle et Aube auraient pu mourir la même nuit.

Quand j'ai appris, pour la mort de Aube, j'ai échappé mon cellulaire dans la toilette, et ça fait trois jours qu'il sèche dans du riz, ça fait trois jours que je n'ai parlé à personne. Je me sens coupable et je me sens conne et je me sens naïve. Je voulais changer le monde, mais j'ai mis mes amies en danger. Aube ne dansera plus, ne mangera plus de gaufres, ne rira plus, n'enverra plus de photos de son chien à ses copines.

Je n'ai pas vu les risques qui guettaient Aube et Nelly et qui me sont inconnus, je n'ai pas écouté leurs craintes et leurs peurs, tout occupée que j'étais à vouloir les libérer. Je fais partie du problème.

Je ne veux plus sortir, j'ai presque fini les pots de sauce à spaghetti que je mange sans spaghetti. Il ne reste plus rien, ni dans mes armoires ni dans mon réfrigérateur. J'ai donné mes dernières tranches de concombre à mon suceur. Je me résous à faire cuire le riz qui absorbe l'eau louche de mon cellulaire, je mets du ketchup dessus, ce n'est pas mauvais.

Mon cellulaire se réanime. Il vibre et sonne sans arrêt pendant une dizaine de minutes. Je reçois à rebours tous les messages qu'on m'a envoyés. Des messages d'amour et de solidarité, des photos de Aube et son chien.

Aleks menace de défoncer ma porte, Guylaine me demande si j'ai besoin de Barack, Sylvain-Table me dit que ça va passer, que ça passe toujours, que nous ferons mieux. Nelly n'a plus d'ecchymose. Elle a mis du vernis transparent sur ses ongles et a passé la fin de semaine avec son grand-papa à faire de la raquette. Yasmine partage une prière avec moi; Chelsea, des mèmes. Tia et Marleen ont fait un portrait de Aube à l'aérosol sur l'hôtel de ville la nuit dernière. Les autorités veulent le recouvrir, mais des citoyennes manifestent. Elles ont ajouté au portrait de Aube ceux de trois femmes Ka'nienkeha qui habitaient ici : Rhonda, Leanne et Patricia. Les deux premières ont été assassinées, l'autre est disparue.

La vie n'est plus la même, mais elle reprend.

XXXIII

Je me fais tatouer ma grand-mère. Une Thérèse en sous-vêtements, avec des ailes de fée, devant un gâteau déjà entamé. Je ne suis plus fâchée de sa mort ni de ses secrets. Je ne les méritais pas de son vivant. Je ne suis plus triste d'avoir fait une fausse couche. J'ai beaucoup d'empathie envers moi, mais je suis réconciliée avec cette perte, avec cette vie que j'ai presque menée. Ce que je suis aujourd'hui, je le dois à la Chienne de Pavlov, à son intelligence, à son humour, à sa générosité et à sa sévérité. Elle veille sur mon cul.

XXXIV

Guylaine m'a téléphoné. Elle m'a dit : *Je veux danser, je veux dire des niaiseries, je veux boire de la bière cheap.* J'ai appelé Aleks, iel était déjà en route vers chez moi, j'ai écrit aux filles du salon de massage, à celles du club de judo, à mes amies, à mes voisines, à toutes les autres. J'ai écrit à Nelly, aussi, qui a dit oui, sous promesse que je reste à ses côtés. Nous pensons toutes à Aube. J'ai appelé ma mère, elle m'a d'abord répondu qu'elle était fatiguée, puis s'est ravisée.

Nous sommes arrivées au bar avec l'objectif de danser et de prendre toute la place. C'est tout le temps notre toune, celle sur laquelle Leïla a donné son premier baiser, celle sur laquelle Paola s'est fracturé la cheville le jour de ses 18 ans. C'est à la DJ que nous devons notre soirée.

Notre bonheur n'est interrompu que par les Jonathan, les Jérémie et les James qui tentent de danser contre nous. Nous leur sourions, nous leur tournons le dos, nous changeons de place avec une copine, nous formons un cercle, nous répétons : *Non merci, je suis mariée, j'aime les femmes, je suis avec mes amies, je n'ai pas envie, laisse-moi tranquille.*

Nous rions, mais nous nous resserrons les unes sur les autres, nous surveillons nos verres, ceux des inconnues autant que ceux de nos amies ; nous surveillons la porte des toilettes et la DJ qui trône au fond du bar.

James a pris son trou. Il s'est commandé une bouteille de 50 et discute avec son voisin. Jonathan et Jérémie tournent encore autour du groupe. Ils cherchent une faille, une fille seule, une fille vulnérable, en marge. Ils sont beaux, ils sont peut-être drôles, parfois, ils cuisinent de la ratatouille et installent des antivirus sur les ordinateurs de leur mère, mais ils ne nous écoutent pas. Nous nous tournons vers James, nous lui lançons un regard qui dit : *Viens chercher tes amis.* Il ne répond pas.

Clémence a envie de fourrer et envisage de texter son ex. Angélique est gelée, elle ne tient plus debout. Personne ne sait ce qu'elle fait ici, personne ne la connaît, mais Jérémie a son bras autour d'elle et lui raconte des blagues auxquelles elle ne peut pas répondre parce qu'elle dort. Yuki est arrivée avec sa date, Ari, qui n'est pas aussi gentil qu'il le prétendait. Il insiste pour partir, pour qu'ils aillent chez lui écouter de la *vraie musique,* lui rappelle qu'elle lui avait promis un tête-à-tête, qu'elle ne doit pas avoir peur.

Nous ne dansons plus : nous sommes une unité de défense dont les déplacements se font en twerkant pour sauver des amies, des inconnues, des némésis que nous voulons malgré tout en sécurité.

Chanelle se fait attraper par la main, on la retire du groupe. Elle est polie, elle est gênée, elle ne veut pas qu'on se fâche. Le cellulaire d'Akshara sonne sans arrêt : *Qu'est-ce que tu fais? Tu reviens quand? T'es avec qui? Je t'attends. Il est tard. Tu travailles demain, tu ne devrais pas sortir. J'ai l'impression que tu me mens. Je te rejoins.* Maude est venue avec des collègues, mais ne s'attendait pas à ce que l'une d'elles la *out*: maintenant tout le monde veut savoir ce qui se passe dans ses culottes. Laurence est sur le point de quitter avec ce gars qui la fait tripper depuis des mois lorsqu'elle tourne la tête et qu'elle constate que nous sommes attaquées. Elle croise le regard de la DJ, qui toise la foule depuis son podium. Angélique, Yuki, Chanelle, Akshara, Maude : elle nous voit toutes, enchaine une suite de chansons pop qui nous enjoignent à nous défendre.

Les projecteurs se braquent avec fulgurance sur nos camarades tombées, l'espace de quelques secondes, le temps qu'il faut pour s'infiltrer, les prendre par la main ou les porter à nos épaules pour les ramener à l'abri. En dansant, la DJ nous indique les sorties de secours, les obstacles à éviter, Jonathan qui cherche la fille qu'il allait tasser dans un taxi. Des *power ballads* chassent Ari, les collègues insistantes de Maude, ce musicien un peu connu qui était venu réclamer de l'attention. Mais il en vient d'autres, toujours.

Nous battons en retraite, nous nous rejoignons dans les toilettes des femmes, pour ce que ça veut dire : ce ne sont ni les utérus ni notre genre qui nous réunissent ici, c'est l'envie d'avoir la crisse de paix et de danser en craignant seulement que nos verres se renversent sur nos beaux habits.

Nous bloquons des numéros de téléphone, nous pleurons, nous rions, nous nous serrons dans nos bras, nous rafraichissons notre maquillage. Nous entendons la musique en sourdine et peinons à bouger tant nous sommes entassées les unes contre les autres. Une barmaid défonce un mur à coup de talon : la salle de bain s'ouvre sur le backstore. Nous nous joignons à elle pour démolir le reste de la cloison. Carole débarque les poches pleines de boules de billard qu'elle utilise pour faire exploser les fenêtres. Une seconde barmaid nous lance des bouteilles de vodka, de l'eau pour celles qui sont déshydratées et celles qui ne boivent pas et celles qui n'en peuvent plus de l'ivresse.

La salle de bain continue à se remplir : des client·es des autres bars de la ville ont entendu parler de nous, la voisine d'en haut est descendue avec ses enfants, Lou lance un cri de ralliement à ses camarades non binaires, des ainé·es ont fui leur CHSLD, une ligue de volley-ball gay vient nous donner un coup de main. Mary a entendu dire qu'on servait de l'alcool gratuit, et Daniela avait besoin de compagnie.

Quelqu'un demande: *Y a-t-il des technicien·nes de son dans la salle?* Quatre personnes répondent à l'appel; nous les envoyons dans le bar avec des escortes. On débranche les fils des hautparleurs et de la console, on revient avec des sourires fiers, la DJ sur les épaules.

Le matériel est réinstallé dans la salle de bain, et la musique reprend de plus belle; nous démantelons les cabines de toilette et créons une piste de danse au centre de laquelle les cuvettes se remplissent et se vident. Mais il faut encore plus grand; nous décloisonnons le backstore et le reste de la bâtisse. Ni le plâtre ni la brique ne nous résistent. Il ne reste désormais au bâtiment que le plancher, la plomberie et quelques chaises. Même Jérémie et Jonathan se sont enfuis. C'est la toilette des filles partout. Et ça déborde.

Des voleuses de voitures se manifestent, des haltérophiles aussi. Nous forçons les portes de toutes les Honda Civic du quartier et y déposons les toilettes, le backstore et ce qu'il reste du bar vide. Nous paradons sur le boulevard comme sur des chars allégoriques. Nous sommes rejointes par des cyclistes aux mollets gros comme des jambons qui remorquent les sorcières qui ont trop dansé et dont les pieds sont couverts de cloques, celles qui marchent avec des cannes et celles qui utilisent des fauteuils roulants.

Sur nos teeshirts on lit *Slut witch bitch*. Nous nous cédons nos baux tandis qu'une fille blanche rase ses dreads. On a installé Paul sur un trône: il est enceint et immense. Il a une barbe brillante et luxuriante, des cheveux poussent là où la calvitie se pointait quelques mois plus tôt.

Louise et Jacinthe lui tricotent des vêtements sans regarder leurs mains. Elles ont pris du speed et ne sentent plus leur arthrite. Des chiens-guides gros comme des chevaux pilotent des malcommodes en talons hauts à travers les nids de poule. Une jeune fille avec le syndrome de Down vide sa DivaCup sur la tête d'un bully.

La musique est forte. Nous réveillons des quartiers entiers. On nous klaxonne pour nous faire taire, mais Nicki Minaj rappe plus fort, Céline pousse la note plus haut, et nous sommes toujours plus nombreuses à scander des obscénités qu'une interprète signe sur écran géant. Stéphanie et Nina frenchent comme s'il n'y avait pas de lendemain et elles ont surement raison. Comme dans les films, nous suçons des policiers pour leur voler leur gun – ils ne tueront plus ni nos sœurs ni nos fils. Nous crachons leur smegma sur leurs bottes. Nous roulons sur leurs voitures comme un monster truck, en versant de la bière sur nos têtes. Nous crions : *C'est ça qu'on fait dans les toilettes des filles.*

Olivia, Blair et Nicky arrivent à la fin du party dans un U-Haul rempli de muffins sans gluten que nous mangeons avant de nous endormir, en regardant le jour se lever sur les rues désertes et décâlissées. Camille et Madeleine se tiennent par la main et sautent dans des flaques de pisse. La ville est à nous et rien ne nous effraie.